RENATO MEIRELLES & CELSO ATHAYDE

UM PAÍS CHAMADO FAVELA

A MAIOR PESQUISA JÁ FEITA SOBRE A FAVELA BRASILEIRA

Gerente Editorial
Marília Chaves

Assistente Editorial
Carolina Pereira da Rocha

Produtora Editorial
Rosângela de Araujo Pinheiro Barbosa

Controle de Produção
Fábio Esteves

Consultor de Conteúdo
Walter Falceta

Preparação
Entrelinhas Editorial

Projeto gráfico
Neide Siqueira

Diagramação
Join Bureau

Imagens
Richard Laschen/Shutterstock (miolo)
Márcio Tirote e Jonathan Oliveira (capa)

Revisão
Vero Verbo Serviços de Editoração

Capa
Aila Regina

Impressão
Assahi Gráfica

Copyright © 2014 by Renato Meirelles e Celso Athayde.
Todos os direitos desta edição são reservados à Editora Gente.
Rua Pedro Soares de Almeida, 114
São Paulo, SP – CEP 05029-030
Telefone: (11) 3670-2500
Site: http://www.editoragente.com.br
E-mail: gente@editoragente.com.br

Dados Internacionais de Catalogação na Publicação (CIP)
(Câmara Brasileira do Livro, SP, Brasil)

Meirelles, Renato
    Um país chamado favela : a maior pesquisa já feita sobre a favela brasileira / Renato Meirelles, Celso Athayde. – São Paulo : Editora Gente, 2014.

    ISBN 978-85-7312-939-7

    1. Consumo (Economia) 2. Empreendedorismo comunitário 3. Favelas – Aspectos econômicos 4. Favelas – Aspectos sociais 5. Favelas – Brasil 6. Planos de negócios I. Meirelles, Renato. II. Título.

14-03560   CDD-658

Índices para catálogo sistemático:
    1. Favelas brasileiras : Pesquisas com os habitantes das comunidades : Tendências de consumo : Administração de negócios   658

NOSSO MUITO OBRIGADO.

Este livro é de vocês e para vocês.
Escrever um livro definitivamente não é uma tarefa fácil. Juntar experiências de vida ao mesmo tempo tão diferentes e complementares como as nossas tornou o desafio ainda maior. Seria impossível chegar ao resultado que é este livro sem o empenho e o entusiasmo das pessoas que no dia a dia nos acompanham no Data Popular e na Cufa. Maíra Saruê, João Paulo Cunha, Preto Zezé e Dinorá: nosso muito obrigado. Em nome de vocês, agradecemos a cada pessoa das centenas que nos ajudaram e ainda ajudam a transformar a pesquisa e a criação do Data Favela em realidade.
A ideia de criar um instituto de pesquisa especializado em favela surgiu no dia em que nos conhecemos, em uma sala da Rádio Beat98. Foi "amor à primeira vista". Eva e Irene, madrinhas queridas, nosso muito obrigado. Vocês, antes de todo mundo, acreditaram no potencial de juntar técnicas de pesquisa e vida real para mostrar para o mundo o potencial oculto das favelas brasileiras.

Quem nos conhece sabe que realizar uma pesquisa nacional, treinar pesquisadores de dentro da favela para fazer entrevistas e analisar os dados e criar o Data Favela não seria suficiente. O que nos move é mostrar para o mundo a realidade e as oportunidades (para as empresas e para os moradores) presentes nos milhares de favelas do Brasil. Para isso, decidimos lançar a pesquisa em grande estilo. Sem absolutamente nenhum patrocínio na largada e com um cheque sem fundo, alugamos o Copacabana Palace no Rio de Janeiro e realizamos o 1º Fórum Nova Favela Brasileira. Isso ocorreu graças à parceria e à generosidade de Gabriela Onofre que, com a P&G, é parceira de todas as horas, de Luiz Barretto, do Sebrae Nacional, de Thais Lima e de Larissa Kaneko, queridas amigas da C&A. Obrigado a Avante, a Vai Voando e a Light. Pessoas e empresas que acreditaram na gente, graças a vocês nosso cheque não voltou. Obrigado também a todos os palestrantes que imediatamente aceitaram nosso convite e participaram do evento: Padilha, Lázaro Ramos, Flávia Oliveira, Luis Fernando Nery, Siro Darlan, Coronel Cesar, Jailson Silva, Elias Tergilene, Laércio Cardoso, Cacá Diegues, Dudu Nobre, Nega Gizza, Rene Silva, Anderson Quack e Regina Casé. Este livro é de vocês também.

Luciano Huck, Preto Zezé, Luiz Eduardo Soares e MV Bill, muito obrigado pelas palavras generosas neste livro e na vida.

Obrigado, Cris Zago Zácari. Você inspira. Sem dúvida, depois de você o Renato se tornou um cara melhor. Obrigado a Márcia Oliveira, Marina Soares Athayde e Maria Barbosa de Paiva, nossas mães e referências.

Para terminar, o nosso agradecimento especial a todos os favelados, protagonistas deste livro e do Brasil. Dedicamos este livro a vocês. Chegou a hora de o Brasil reconhecer tudo que a favela fez, faz e fará para o nosso país. Estamos apenas começando.

Sumário

Prefácio 7

Apresentação 17

A casa-grande, a senzala e os novos protagonistas 23

Capítulo 1 – A refavela: onde o Brasil muda primeiro 27
    Uma história de saudáveis impermanências 34
    O nome do que já havia 39
    Episódios de força e verticalidade 46

Capítulo 2 – O formidável laboratório da
    nova economia popular 55
    Migalhas e novas percepções da riqueza 66
    O magnata que começou camelô 69
    Hospedagem no morro 71
    Berço de empreendedores 72
    Para quem sabe onde fica 76
    Rito de iniciação sobre asas 78
    Desafios na gestão da casa 80

Capítulo 3 – As famílias que refazem o paradigma do consumo 85
    Os multiconectados 93
    A agenda da compra futura 95
    O lugar e a motivação 96
    Confiança e dissonância 97
    O complexo universo das aspirações 100

Capítulo 4 – Uma cultura de movimento 103
    Os eventos da rua 111
    O lugar e o espaço 112

Capítulo 5 – Os agentes da transformação 119
    Um poderoso agente interno 125

Capítulo 6 – Violência: entre o mito e a realidade 133
    O resgate da cidadania 145

Capítulo 7 – Onde mora o meu lugar 151

O horizonte visto do morro 166

Prefácio

No léxico político e cultural brasileiro, favela é uma palavra importante, cujo emprego inicialmente ocorreu no Rio de Janeiro, no começo do século XX, para descrever o bairro popular formado no morro da Providência. A palavra vem assumindo múltiplos sentidos ao longo da história e de acordo com variações regionais e conjunturais. Nem sempre é o nome do território onde moram pobres em uma cidade. Em Porto Alegre, há as vilas. Na própria cidade que inaugurou seu uso, há áreas refratárias à denominação, a despeito da similaridade com algumas outras às quais ela se aplica. Nem sempre é o nome adotado pelos próprios habitantes e não está necessariamente comprometida com a referência à superfície inclinada dos morros. No Rio, o termo preferido, em geral, nas últimas décadas, é comunidade. Por vezes, favela e favelado equivalem a categorias de acusação, que estigmatizam a dimensão social da geografia e estendem preconceitos a toda uma população – a ponto de moradores de favelas verem-se instados a falsificar endereços para evitar discriminação quando procuram emprego.

Há institutos de pesquisa em que a palavra cede lugar a definições prolixas, pretensiosas e, nem por isso, precisas ou isentas de cargas valorativas, como "aglomerações urbanas subnormais". Em muitas ocasiões, no discurso oficial, durante o século XX, favela foi sinônimo de problema que o poder público deveria antes remover que resolver. Nas primeiras décadas do século XX, imersa na atmosfera emanada pelo ímpeto autoritário das reformas de Pereira Passos, favela, como as cabeças de porco e o casario popular localizados no centro da cidade, esteve associada à precariedade de condições higiênicas e sanitárias. Reduzia-se a metáfora alusiva à insalubridade, que indicava focos de doenças contagiosas. Sua extinção, ou seu deslocamento, converteu-se em exigência de saúde pública.

Na sequência, foi percebida como espaço da pobreza, que maculava e depreciava o valor imobiliário de bairros prósperos ou economicamente promissores para o investimento especulativo. Em seguida, tornou-se fonte do mal, sede do perigo, da ameaça aos bons costumes, que demandava campanhas menos sanitárias e mais moralizadoras, que entidades religiosas capitanearam por longos períodos, enquanto mitigavam a miséria com obras de caridade. Houve a era das remoções para limpar a paisagem, modernizar, arejar, oxigenar – e, de novo, higienizar e valorizar o patrimônio depreciado pela vizinhança imprópria. Incêndios criminosos, expulsões, intervenções brutais do Estado deixaram marcas profundas na memória da cidade. Entretanto, era preciso manter disponível e barata a força de trabalho feminina para o emprego doméstico nas residências da classe média, era conveniente contar com porteiros e prestadores de serviço, operários e mão de obra explorável por perto, capazes de sobreviver com o mínimo e comparecer com pontualidade. Em contrapartida, era necessário reduzir custos de deslocamento para tornar viáveis salários indignos.

Gradual e crescentemente, foram ocupadas as áreas disponíveis nos morros e nas regiões acessíveis, contíguas aos bairros nos quais havia empregos, na região metropolitana e, sobretudo, nos bairros afluentes da capital. A linha de trem rumo à zona norte deixou de ser o eixo da ocupação urbana, assim como a industrialização cedeu à hegemonia dos serviços e da informalidade. A decadência política do Rio de Janeiro preparou o declínio econômico, empurrando para as adjacências da zona sul da cidade os aglomerados de trabalhadores pobres e suas famílias. Os morros foram invadidos. As favelas proliferaram. O poder público viu-se diante do inexorável e chamou-o virtude. E, claro, soube extrair benefícios políticos, trocando a carta da remoção pelo compromisso com a fixação. Passou a falar em urbanização de favelas e reconhecimento de direitos.

Apesar desse casamento de conveniência entre os pobres e as elites governantes, com a aposentadoria das ameaças veladas ou explícitas de remoção, a favela não escapou à ciranda das (des)qualificações generalizantes: desde os anos 1980, virou sinônimo de transgressão à lei e à ordem, espaço que requer incursões policiais, praça de guerra.

Em síntese, para as elites e as camadas médias brancas, e, não raro, para os governantes, favela foi e tem sido, em um século de história, o lugar do "Outro". Curiosamente, não apenas a encarnação da alteridade nefasta, diabólica, que caberia destruir ou exorcizar, mas também redentora, iluminada, cujo destino histórico consagraria a libertação do país, instaurando um tempo de igualdade e justiça. Por isso, a narrativa sobre as favelas não pode omitir o movimento pendular, continuamente acalentado no imaginário carioca, senão brasileiro, sincopado pela oscilação entre dois polos, representativos de duas idealizações simétricas e inversas. A favela ora simbolizava o espectro noturno a assombrar a cidade, vampirizando a riqueza e aniquilando a paz e o sono dos justos, ora a alvorada romantizada, a promessa do amanhecer, pois, afinal, como dizia a canção, "quando derem vez ao morro toda a cidade vai cantar". Duas expectativas opostas, cultural e politicamente poderosas: o povo da favela vai descer para salvar o Brasil e promover a revolução desejada – supunha-se, sonhava-se ou temia-se. Ou: a favela vai descer para o asfalto e tocar o terror. Nessa figura sombria da paranoia coletiva, talvez mais do que em outro lugar, o racismo instilou seu veneno repulsivo e letal.

Em vez de bairros populares reais com suas diferenças e suas especificidades, onde relações sociais extremamente complexas se estabeleciam, o título icônico – favela – construiu imagens dotadas de elevado índice de artificialidade, repletas de ideias preconcebidas, estigmas e romantizações. Berços de fertilíssima cultura popular musical e religiosa, do samba e de tradições afro-brasileiras, como a umbanda, depois atravessadas por outras linhagens estéticas e espirituais, não sem conflitos internos agudos, as favelas, em parte por força de seu nome e da pesada biografia desse nome-signo, perderam suas singularidades, sacrificadas pela força homogeneizante das idealizações, negativas e positivas, prenhes de paixão. Se quisermos rastrear a pregnância do totemismo fluminense, que classifica as favelas segundo as identidades de facções criminosas (agora acrescidas das marcas produzidas por UPPs e milícias), devemos seguir os rastros da própria palavra, favela, depois comunidade, que incidem sobre a formação de sentido de unidades territoriais distantes e diversas. O trabalho de homogeneização executado pela palavra-fetiche – favela – preparou o terreno para a partição simbólica que só faz sentido quando assentada sobre o solo firme, contínuo, de uma plataforma entendida como dada e naturalmente comum. Uma espécie de natureza compartilhada.

Suas diferenças – as que se dão em seu interior e entre as localidades – foram e ainda são diluídas na univocidade artificial produzida pela categoria "favela". Justamente por isso, a resistência político-cultural do povo das favelas ou das comunidades tem procurado preservar, reafirmar e redescrever a palavra "favela", transformando-a em valor positivo, símbolo do orgulho popular, a coesionar os grupos sociais que têm pago o preço da longeva discriminação, indissociável da exploração econômica. É claro, porém, que, mesmo a retomada da denominação com sentido crítico, em benefício da reinvenção afirmativa da identidade coletiva nos espaços populares, é controversa – nada nesse âmbito tão dinâmico, plural e crescentemente participativo é consensual. O que fez e faz falta é pensar os territórios populares como cidade, partes indissociáveis da trama urbana, nós das redes urbanas, articulações dinâmicas do sistema sociopolítico-econômico que se materializa na formação urbana, contraditória mas integrada. Mesmo partida, a cidade é uma só: partida é seu modo de ser aquilo que é. E desse modo de ser o que é participa a parte subalterna, que a fratura tenta definir como resto, sobra ou excesso. Por isso, a meu ver, sempre estiveram certos os autores que se bateram em torno do dilema: partida ou inconsútil. Pensavam que se opunham quando defendiam o mesmo ponto de vista por ângulos distintos como o fariam observadores de um quadro de Escher, iludidos pela obsessão de seguir com os olhos uma só e mesma linha.

Na transição da ditadura para a democracia, a repressão que convivia com o clientelismo desmobilizador foi gradualmente substituída por um amálgama contraditório entre forte associativismo e vigoroso aparelhamento das entidades mediadoras por máquinas políticas de perfil tradicional. A natureza híbrida desse processo não encontrou uma superação, alimentada pela criatividade popular, no contexto das lutas sociais, porque as armas dos novos poderes locais, nutridos pela economia das drogas, reanimou a repressão, dessa vez sob nova direção e dotada de novos conteúdos micropolíticos e ideológicos. A partir daí, no Rio de Janeiro, salvo exceções, os espaços populares, sobretudo aqueles que aderiram à nomenclatura canônica, digamos assim, oscilaram entre três despotismos concorrentes, cada qual com sua perversidade específica, mas todos com o mesmo efeito desmobilizador: tráfico, polícia, milícia.

Entretanto, nem tudo esgotou-se na história provinciana da violência, nem hoje se resume aos meandros desses poderes locais, não obstante sua ousadia, suas disputas, suas alianças e sua resiliência, em disputa aberta com a resistência popular de impulso democrático. Tanto a dinâmica social quanto o vigor cultural, de resto dimensões do mesmo universo, jamais limitaram-se à despotencialização típica do lugar de vítima. Sobretudo, a partir da redemocratização. Os jovens e não apenas eles, as mulheres e não só elas, assumiram inédito protagonismo, inventando novas linguagens, transformando profundamente os templos herdados e os templos legados. A revolução religiosa está em curso, com muitas contradições, mas com inegável força renovadora. O funk está aí, as redes sociais estão ligando *lan houses*, celulares, indivíduos e novas comunidades. Os sentidos de participação cidadã estão em efervescência constante. De tal modo, que o que hoje talvez seja permanente e comum às "favelas" são a impermanência e a diversidade, o dinamismo e os surpreendentes protagonismos, com suas diferentes linguagens, disseminando uma nuvem babélica, febril, excitante, às vezes inquietante e perturbadora, tornando o futuro incerto, imprevisível, na exata medida em que a liberdade introduziu-se no processo, por meio de sujeitos que assumiram seu inusitado senso de cidadania criativa. Não há mais sossego. Não mais haverá o sossego que provém da paz dos cemitérios e da naturalização das desigualdades, dos estigmas e do racismo.

Retrospectivamente, não parece despropositado identificar alguns profetas desse processo de abertura de horizontes e potencialização de perspectivas. Profetas no sentido laico. Gente de carne e osso que observou o cotidiano complexo com uma sensibilidade mais aguda, com olhos mais abertos e criativos, sem antolhos, e anteviu possibilidades, contribuindo para que as predições se cumprissem pelo simples fato de enunciá-las e disseminá-las, destravando uma área do imaginário coletivo e das vontades, antes talvez inibidas pelos preconceitos assimilados e reproduzidos. Entre os profetas, incluo, sem hesitar, Celso Athayde, MV Bill, Nega Gizza, Preto Zezé, Anderson Quack, Manoel Soares, criadores da Cufa, entre tantos outros e tantas outras.

Celso morou na rua e se desenvolveu na favela do Sapo. Bill cresceu na Cidade de Deus. E as histórias individuais tecem redes variadas, mas coerentes. Incluo aqui também Jaílson Souza e Eliana Sousa, que cresceram no complexo de favelas da Maré e criaram o Observatório de Favelas e o Redes da Maré. Marcus Vinicius Faustini, que nasceu na Baixada Fluminense e cresceu na favela do Cesarão, zona oeste do Rio de Janeiro. Guti Fraga, que criou, no Vidigal, favela da zona sul carioca, o grupo teatral, depois escola de teatro, Nós do Morro. Caio Ferraz, que criou a Casa da Paz, em Vigário Geral, em resposta à chacina de 1993. José Junior, criador do AfroReggae, na mesma comunidade, ao lado de Écio Salles, do complexo da Penha, e de vários outros desbravadores. Paulo Lins, autor de *Cidade de Deus*, onde cresceu. Junior Perim, que veio de áreas pobres de São Gonçalo para incluir o circo na agenda social e cultural da juventude fluminense e o tornou ponto de interseção entre comunidades. Há inúmeros outros nomes igualmente importantes no Rio e Brasil afora.

Jaílson e a Cufa – assim como seus companheiros de viagem e suas parceiras de travessia – ensinaram-nos a deixar de ver a favela como o lugar da carência, do que falta, das ausências e da vitimização. Alertaram-nos para tudo o que existe, o que tem sido construído e conquistado, e para a potencialidade vital e criativa de seus moradores. Falaram disso, mudaram a perspectiva dominante e demonstraram o que diziam através de sua prática.

Hoje, aqui, estamos diante de mais uma obra, entre tantas que devemos a Celso Athayde. Neste caso, a parceria com Renato Meirelles e o Data Favela foi decisiva. E a palavra "parceria" é outra que se afirmou desde que o protagonismo das favelas e de seus habitantes se impôs. Parceria é aliança, colaboração, diálogo, rede. Tudo isso aponta para dentro e para fora, para além das fronteiras, sem negar origens, história, memória, laços matriciais, compromissos. O território está presente, é valorizado, mas seus limites não são reconhecidos como barreiras, nem obedecidos. São subvertidos, transgredindo-se a geopolítica do gueto, sustentáculo, causa e efeito da impotência política. Favela não é mais tutelada, domesticada. A questão do racismo não pode mais ser calada, diluída em água com açúcar ou no xarope da velha Sociologia branquela da Casa Grande. Não há medo de parcerias e alianças, porque o protagonismo assumido torna o ator social que mora na favela agente de toda a sociedade brasileira, de modo que se conclua: tudo o que é brasileiro, ou melhor, planetário, lhe diz respeito. E ser respeitado é direito de que não abre mão.

Na academia, muitos livros foram escritos no mesmo sentido, apoiando e inspirando essa tendência, agora reafirmada na presente obra. Livros que nunca trataram favelados como ratos de laboratório. Pesquisas que souberam valorizar os moradores e a multiplicidade irredutível de suas vozes. Livros que são patrimônio de toda a sociedade brasileira, não só da academia, inclusive dos brasileiros que vivem nos territórios denominados favelas. O melhor da academia se encontra com o melhor da reflexão dos atores sociais quando todos se abrem para o debate livre de ideias, independentemente de sua proveniência. Ninguém tem a propriedade da verdade, nem o testemunho da experiência é condição suficiente para acessá-la. Em contrapartida, sem considerá-la, nada será dito ou escrito com relevância e pertinência. Por isso, não se trata apenas de promover o encontro e o diálogo entre favelados e acadêmicos – até porque, felizmente, cada vez mais favelados chegam à universidade –, mas de estimular a interlocução entre o que nasce em cada um e em cada uma como testemunho da vivência direta e o que, em cada um e em cada uma, tem origem na reflexão crítica, que se alimenta de comparações e do conhecimento de um repertório amplo.

O livro de Celso Athayde e Renato Meirelles, por seu alcance, por sua originalidade, vai se tornar uma referência incontornável. A obra inaugura um novo momento. Um tempo de maturidade, abertura, liberdade crítica, diversidade. A era em que não é mais preciso crachá e diploma para se fazer ouvir e para ajudar a escrever a História de nosso país. Sem que isso signifique, contudo, adesão populista e demagógica – mero avesso do elitismo – à experiência direta e às visões ingênuas, sem que isso implique idealização romântica dos pobres e dos favelados, o que os manteria no gueto, submetidos ao racismo e aos preconceitos, como se fossem o "grande Outro" da sociedade branca, dominante e dirigente. Portanto, vale dizer, com sentido renovado, a favela somos nós.

Obrigado a Celso e Renato e a todos e todas, nas favelas e nas universidades, que tornaram este momento possível.

Luiz Eduardo Soares

Apresentação

Nasci e cresci na favela, na Cidade de Deus. Se, de vez em quando, saio dela, ela não sai de mim um único instante. Tenho orgulho disso. A favela não é somente um lugar para morar, mas para formular, produzir, aprender e viver.

Infelizmente, por causa do padrão vigente de produção da informação, o Brasil desconhece a favela, uma vez que seus funcionários em geral têm horror a ela. Então, a favela é retratada na mídia como um conjunto de estereótipos, passando, assim, para as pessoas, conceitos prontos, cristalizados.

Com certeza, a favela é o lugar onde o Estado não se instalou de fato (nem por isso deve ser associada a carência, pois esta existe em todos as classes), mas é o lugar em que precisa ser ativada a qualidade de todos os serviços públicos para evitar o medo, a escuridão, o lixo largado, a insegurança, a ilegalidade.

A favela é reduto da criatividade, da invenção, do empreendedorismo pleno, das artes, dos afetos e da solidariedade. E, se concordamos, a carência não é uma característica daqui.

Nas últimas décadas, temos tentado desmistificar esse lugar. Contamos de suas mazelas e de suas glórias.

Se existe o tráfico, por exemplo, ele tem suas razões no ambiente criado pelo desejo do uso das drogas ilícitas e o mercado natural, que surge para atender a essa demanda. Ou seja, instala-se a (des)ordem capitalista. Aqui, é a grana que manda. Sem ela, o que fazer? Como ter o que comer? O tráfico não passa de mais uma alternativa.

Muitas vezes, é nesse corredor estreito de oportunidade que morrem os falcões das favelas. Em geral, são negros, abandonados pela escola, muitas vezes incapaz de seduzi-los, rejeitados pelo mundo do emprego formal, eles sentem ainda na pele as chibatadas que feriram seus ancestrais. Reproduzindo a mesma lógica perversa a que seus pais também foram submetidos socialmente. E aí, qualquer um pode ter culpa, inclusive as vítimas. No entanto, o foco aqui são as consequências.

Não é novidade que a violência em grande escala é resultado da desigualdade, da exploração, da construção de muros diante do horizonte de parte considerável da população. A novidade seria estudar, compreender e atacar as causas desse fenômeno. Celso, Luiz Eduardo Soares e eu tratamos desses assuntos todos no livro *Cabeça de Porco* e também nos documentários *Falcão – Meninos do tráfico* e *Falcão – Mulheres e o tráfico*.

Em fragmentos, também é o tema de boa parte de nossa produção musical, na cena mais comprometida com a favela do rap brasileiro.

Quase sempre há quem deturpe e adultere nossa mensagem, há também quem afirme o equívoco da nossa linguagem, por ser de difícil compreensão para os formadores de opinião. Daí o valor deste livro de duas faces fundamentais. Por fundir dois mestres dos seus mundos, portanto, duas linguagens distintas que se juntaram para construir uma linguagem acessível a todos os universos. E por nos dar a chance de ler um livro científico, que mostra a realidade da favela como ela é.

APRESENTAÇÃO

Juntar a experiência de pesquisa do Renato e sua equipe com a experiência de vida e a capacidade de realização do Celso, que para isso mobilizou toda a Cufa nacional, foi fundamental para mostrar a realidade, nua e crua, sem enfeites, sem plumas e lantejoulas. E, obviamente, vamos derrubando os mitos sobre essa tal maldade genética, que o conservadorismo enxerga no habitante da favela.

Chega de maldade! O povo da favela só quer a paz, o banho quente, a comida bem temperada, o emprego, a saúde e a educação. Quer ter respeitados seus direitos. Quer ser feliz, com os parentes e amigos, no lugar onde tem suas raízes.

Esses desejos não são diferentes dos de qualquer pessoa, em qualquer lugar do mundo, seja um operário, uma dançarina, um camelô, seja um executivo de uma grande empresa, e é exatamente por isso que existem as tensões sociais, pois ricos e pobres querem as mesmas coisas: felicidade e mobilidade.

Muito do que dissemos, nos últimos anos, tem origem na experiência vivida, no cotidiano das favelas, sem romantismo. Sabemos de ver, ouvir e tatear.

Contudo, faltava organizar toda essa informação, transformá-la em números, tabelas, equações. Foi o que o Data Favela começou a fazer, com muita competência.

O trabalho deste livro, muito bem escrito por Celso Athayde e Renato Meirelles, padroniza e ordena um conhecimento que estava espalhado pela memória das donas de casa, dos ativistas locais, dos rappers, dos sambistas, dos jovens que estão liderando a revolução na favela, construindo a nossa classe média.

Felizmente, o livro não é uma cartilha, não é um receituário, não mostra uma realidade pronta. Ao contrário, exibe o que é dinâmico, o que está mudando todos os dias.

Oferece, para todos nós, pistas do que está ocorrendo. É exemplo vivo do que a favela e o asfalto juntos podem produzir.

Assim, fica mais fácil abrir caminhos e construir um futuro melhor, livre da mentira, das desigualdades. Com mais fraternidades e oportunidades. Espero que os aliados das favelas devorem este livro.

Agora, um recado para amigos do asfalto. Se acham que é importante entender a favela? Leiam este livro com cuidado, com atenção. Depois, venham à favela. Venham conferir este mundo incrível, que de carência não tem nada, mas é um mundo rico que precisa ser potencializado. Sejam todos bem-vindos.

MV BILL

Ao passar os olhos sobre este livro, resultado do trabalho sério e dedicado de Celso Athayde e Renato Meirelles, revi etapas fundamentais do meu exercício de compreensão da vida.

Desde sempre, pretendi ser mais plural, entender melhor o mundo e contribuir para fazê-lo melhor. E não poderia realizar esse aprendizado sem pisar nas favelas do Brasil.

Não tenho dúvidas de que quanto mais misturei minhas relações pessoais nos últimos quinze anos, mais eu caminhei para ser uma pessoa melhor para o mundo e mais bem resolvida. Celso foi fundamental nesse processo, um anfitrião capaz de me explicar esse universo marcado pelo contraste e pela mudança.

Na favela o lindo e o feio se fundem. A pujança cultural se mistura à desigualdade social. No morro, o bem e o mal convivem, lado a lado. Caos e organização se alternam, todos os dias.

APRESENTAÇÃO

Entrar e sair de favelas virou rotina de vida. Se eu gosto? Claro que sim! Tenho o privilégio de testemunhar *in loco* a grande e formidável transformação das comunidades.

Ainda que estejamos muito longe do ideal, é inegável que o Brasil se desenvolveu em anos recentes, e que a favela está capitaneando mudanças. Nela, vimos melhor o fenômeno da inclusão social.

Antes invisível, a favela se transformou em "mercado consumidor". O cidadão, um dia desprezado, foi alçado à "classe média". Virou "público-alvo" dos profissionais de marketing e publicidade.

Os moradores das comunidades, portanto, ganharam adjetivos que os valorizaram e passaram a merecer atenção especial dos planejadores estratégicos das empresas.

A Central Única das Favelas (Cufa) tem *expertise* e sensibilidade para falar desse Brasil emergente. Paralelamente, a proposta do Data Favela é genial, pois tira milhões de brasileiros da sombra do desconhecimento.

Viradas tantas páginas, vi um movimento acertado, uma evolução, uma luz de saber sobre este vasto território do país. Serve para os governos, serve também para a iniciativa privada.

O livro, enfim, coloca todos nós, brasileiros, na mesma página da história. Como ferramenta de valor, ajuda-nos a construir um país mais legal para o morro e para o asfalto.

Se queremos pavimentar a estrada rumo ao futuro, precisamos urgentemente decifrar os segredos da favela.

Comecemos por aqui.

LUCIANO HUCK

A casa-grande, a senzala e os novos protagonistas

O maior alento vem desta parceria. O primeiro da dupla é Celso Athayde, um dos maiores intelectuais orgânicos de nosso tempo. Sua *expertise* gerou vasto currículo de ações de grande impacto na vida política, social e cultural das favelas brasileiras.

O segundo personagem, Renato Meirelles, é o mais conceituado especialista do país na investigação dos estratos emergentes. Sabe o que está mudando e quais as tendências no processo de reorganização da sociedade, especialmente do ponto de vista econômico.

Associados nessa empreitada, constituem uma mudança histórica na relação tensa entre o asfalto e a favela, bem como um novo paradigma de pesquisa.

Nesse modelo, a comunidade deixou de ser mero laboratório. Seus moradores não mais são tratados como camundongos, cobaias de uma ciência externa. Agora, exercitamos um olhar de dentro para fora da favela, o que representa avanço tremendo na construção de convergências.

Estrategicamente, o Data Favela resulta de uma soma: o *know-how* do Data Popular e a capilaridade da Cufa, uma referência no diálogo com as comunidades.

Os dados presentes neste livro auxiliam, portanto, a pautar o debate sobre o novo Brasil que desejamos, em que as políticas públicas sejam definidas de maneira democrática, e não mais gestadas em gabinetes de tecnocratas, alguns deles alienados da realidade da população.

Hoje, vivemos uma dualidade. De um lado, encontramos os setores conservadores, que criticam fortemente a maneira como o Estado tem oferecido suporte a projetos de melhorias nas favelas. Como sempre, veem desperdício do que pagam na forma de impostos.

De outro lado, temos uma autonomeada "esquerda" que vulgariza o acesso das camadas mais pobres ao universo do consumo. Para esses críticos, trata-se de alienação e paternalismo dominador. Não enxergam, por exemplo, utilidade do *smartphone* na mão do habitante da comunidade.

Na verdade, as duas argumentações são limitadíssimas, pois não percebem contradições e potenciais embutidos no atual cenário de rápidas transformações sociais e econômicas.

Vemos hoje um novo regimento de 20 milhões de trabalhadores com carteira assinada, muitos deles vivendo nas comunidades.

Testemunhamos, ainda, o esforço das mulheres, muitas delas chefes de família, em desenvolver projetos empreendedores.

Ao mesmo tempo, sobressai-se a juventude negra, mais escolarizada, mais conectada e em processo de fortalecimento da autoestima.

Pois esse segmento até agora invisível da população começa a ser conhecido. São protagonistas dinâmicos, constroem as próprias narrativas, sem intermediários. Dão forma a um novo Brasil.

O acesso ao consumo, facilitado em anos recentes, é contestado por causa da resistência secular da "casa-grande" em conceder direitos e acessos à senzala.

Neste país, parcela importante da elite incomoda-se com a presença das massas, antes excluídas, no mercado das compras.

Mesmo que lentas e ainda limitadas, essas mudanças movem as placas tectônicas da sociedade de classes, apoiada por uma modalidade de exploração capitalista que se sustenta sobre mais de trezentos anos de trabalho escravo.

Essa metamorfose rompe a lógica de dominação que estabeleceu lugares menos dignos para os pretos e pobres, em uma clara política de segregação.

O choque derivado da mudança está expresso na repulsa de certos setores sociais pelos pobres que viajam de avião, pelos negros que ingressam na universidade a partir do sistema de cotas, pelas empregadas que conquistam direitos trabalhistas, pelos proletários que adquirem veículos automotores e até pelas famílias que superam a fome por causa do programa Bolsa Família.

O livro de Meirelles e Athayde lança luzes fortes sobre esse cenário de disputas, de incompreensões e preconceitos. E pavimenta o terreno para entendimentos e avanços.

A Cufa, como parceira da rede do Favela Holding, orgulha-se de mediar essa produção intelectual de enorme significado político e histórico, fundamental para as favelas brasileiras.

Este livro, caro leitor, não é pouca coisa. Ele expõe, em números e palavras, a realidade complexa da favela brasileira. Trata-se de um trabalho profundo, detalhado e inédito. Não tenho dúvida de que estabelece um marco histórico na disputa simbólica que travamos na arena da produção do conhecimento.

Por causa da competência técnica do labor realizado, abre-se nova pauta para o mundo político, social e econômico. Democratiza-se o conhecimento e, ao mesmo tempo, oferece-se valioso conteúdo àqueles que planejam políticas públicas.

Esta obra, em decorrência de sua abrangência e de sua abordagem inovadora, ajuda a constituir protagonismos no âmbito de favelas e periferias urbanas. Lido pelo morro, ajuda-o a compreender-se, a ver suas limitações e a projetar seus avanços.

A pesquisa, por fim, redefine o debate e desmente aqueles que enxergam a favela como um lugar de "coitados", um território gerador de problemas.

A favela, apesar de seus dramas e suas deficiências, é hoje o lugar dos emergentes, dos que costuram esperanças, onde são gerados 63 bilhões de reais, valor que corresponde ao PIB de países como Bolívia e Paraguai.

Se pensamos em políticas públicas constituídas a partir de uma investigação diligente e precisa da realidade, é fundamental que este livro seja lido, relido e estudado.

Ele exibe uma revolução silenciosa, mas que está transformando nosso país. As favelas estão capitaneando a mudança. São protagonistas desses processos. Nunca mais serão coadjuvantes da própria história.

PRETO ZEZÉ

Capítulo 1

A REFAVELA:
ONDE O BRASIL MUDA PRIMEIRO

Quem comanda o processo de mudança no Brasil? Quem lança tendências? Quem aprova ou reprova um programa social, uma linha de eletrodomésticos ou uma nova música? Resposta simples: são os ingressantes no mercado de consumo, de modo especial os 11,7 milhões de habitantes das favelas, grupo que equivale a 6% da população brasileira. Com vigor, eles movem a onda transformadora que varre o país no século XXI. De modo ligeiro, essas pessoas constituem novos padrões de consumo, reinventam atividades econômicas e contribuem decisivamente para definir o perfil cultural do país dos emergentes.

Se compusessem um estado, as favelas seriam o quinto mais populoso da federação, capaz de movimentar 63 bilhões de reais a cada ano. Ainda assim, o universo da favela parece invisível à grande mídia, aos intelectuais e à boa parte dos planejadores de negócios, que ignoram e desprezam seu poder transformador.

Empenhado em decifrar os enigmas que marcam esse fenômeno de metamorfose, o Instituto Data Favela realizou um estudo inédito sobre esse território ainda pouco explorado da cidadania. Os pesquisadores – membros de comunidades, treinados especificamente para executar a tarefa – investigaram 63 favelas em dez regiões metropolitanas do Brasil e ouviram com método e atenção 2 mil pessoas.

O resultado da *Radiografia das Favelas Brasileiras* pode parecer surpreendente se adotarmos como baliza de conhecimento o estereótipo midiático, em que os moradores de comunidades, de modo invariável, figuram como miseráveis incultos, indolentes e bárbaros. Efetivamente, não foram esses cidadãos que encontramos nas ruas, nas vielas e nos becos percorridos.

Os dados tabulados compõem, na verdade, cenários heterogêneos, ou seja, de favelas que podem se iniciar em um centro de comércio desenvolvido, com caprichadas casas de alvenaria, e terminar, no outro lado do morro, em uma área de risco, de difícil acesso, em que se equilibram humildes barracos de madeira. Vimos, portanto, avanços incríveis e, ao mesmo tempo, graves problemas estruturais. Há diferenças significativas até mesmo no espaço reduzido da vizinhança. Se um cidadão passava dificuldades para sustentar sua família e pagar a prestação do colchão da caçula, do outro lado da parede, o vizinho comia filé-mignon com cogumelos e planejava a aquisição de uma banheira com hidromassagem para tornar o espaço da laje mais amigável.

Uma análise geral dos resultados, porém, exibe uma favela muito menos pobre do que se imaginava, mais conectada e ansiosa por completar processos de inclusão social e econômica. Um observador desavisado ficará admirado, por exemplo, com o fato de que 94% dos favelados se consideram felizes, índice muito semelhante ao da avaliação geral dos brasileiros, apenas um ponto percentual acima.

Os contentes, em geral, amam o cônjuge, adoram os filhos e folgam com a boa saúde, valorizando a parte cheia do copo. Misturando a garra e o jeitinho, levam a vida e deixam que a vida os leve, seguindo a filosofia do mestre Zeca Pagodinho. Um fator fundamental, porém, justifica esse regozijo: há mais dinheiro circulando, mais do que em qualquer outro momento da história das comunidades.

Em 2013, a média salarial do favelado era de 1.068 reais contra apenas 603 reais, em 2003. Trata-se de um salto notável de 54,7%. No Brasil em geral, a renda pulou de 1.172 reais para 1.616 reais, uma evolução de 37,9%. Conclusão: na favela, o ritmo do avanço é mais acelerado.

O bem-estar recente, portanto, tem relação direta com o processo contínuo de ascensão social e econômica. No cotidiano de lutas e desafios, os moradores das favelas favoreceram-se de mais recheio na carteira e mais comida na geladeira.

Houve elevação da renda em todas as regiões pesquisadas, ainda que prevaleçam disparidades flagrantes, por exemplo, na escala dos rendimentos. A renda média do trabalho principal numa família gaúcha era de 1.158 reais; no Rio, 1.090 reais. Na outra ponta, no Nordeste, o mantenedor "máster" embolsava, em média, 821 reais no Ceará e 762 reais na Bahia.

Na época da pesquisa, no trimestre que fechou 2013, a maior parte dos moradores das favelas já pertencia à classe C, estrato que nesses núcleos praticamente dobrou de tamanho em dez anos. Trata-se de um crescimento extraordinário e que inspira uma reflexão sobre o processo recente de inclusão social massiva no país. A parcela de famílias faveladas na classe média é maior do que a do Brasil como um todo. Isso mesmo: 65% a 54%.

Desmentindo a crença vigente, 81% dos moradores gostam da comunidade em que estão fixados e 66% não estão dispostos a abandoná-la. De maneira plena ou com restrições, 62% admitem ter orgulho do local onde vivem. Se existe esse amor e essa fidelidade ao lugar, a principal razão é o estabelecimento de fortes laços sociais entre os moradores. A favela é, desde sempre, responsável e solidária. Ali, o cidadão tem quase sempre com quem contar. Há alguém que pode lhe emprestar algum dinheiro ou o cartão de crédito na hora do aperto. Há outro que pode tomar conta de seus filhos enquanto ele trabalha. E há sempre aquele que pode ouvir suas confissões, no "divã" improvisado no boteco ou no salão de beleza. Quem recebe, evidentemente, acaba por retribuir. A lei da reciprocidade impera na favela.

Atentos às transformações, 51% dos moradores de favelas consideravam que a comunidade havia melhorado de alguma maneira nos doze meses anteriores à consulta. Para 76%, alguma melhora ocorreria nos doze meses seguintes. Essa percepção encontra-se associada, principalmente, às mudanças estruturais no território das vivências públicas. Melhorou se agora há coleta pública de lixo. Melhorou se o Estado inaugurou uma nova creche. Melhorou se agora há uma casa lotérica na rua principal.

No campo da vida privada, essa visão depende, sobretudo, do que se vê no horizonte próximo. As coisas parecem bem se a reforma no segundo andar da casa do vizinho progrediu. Se esse mesmo sujeito trocou seu Passat 76 por um Gol seminovo, é sinal de que a comunidade como um todo avança. "Se ele conseguiu, posso conseguir também", raciocina o cidadão.

Quando indagados sobre a própria vida nos doze meses seguintes, 93% projetaram desenvolvimento e evolução. No Brasil em geral, esse grupo abrangia 81% da população. Nesse caso, os otimistas vislumbram à frente a oportunidade de crescimento, em especial no campo profissional. Em um país com reduzidas taxas de desemprego e demanda por mão de obra especializada nos mais diversos setores, os moradores das favelas enxergam a chance de romper paradigmas. Ao contrário de seus pais, avós e bisavós, experimentaram a ascensão social e sabem que podem ir muito além, especialmente por meio da educação e do empreendedorismo.

Os chefes de família desejam ver os filhos na universidade, mas buscam, eles mesmos, um diploma em curso superior. Gente que sempre viveu de salário cogita, agora, montar uma empresa na comunidade. Pode ser uma pizzaria, um albergue, uma loja de presentes ou uma oficina de reparos automotivos. Há possibilidades em todos os setores. Formidavelmente, pessoas com até 60 anos, homens e mulheres, veem a vida em aberto. Ainda há jogo pela frente.

No total, 76% das pessoas opinaram que a vida melhorou no período imediatamente anterior à pesquisa. No entanto, poucas atribuem esse avanço às políticas públicas ou aos empregadores. Para 14%, a família é a principal responsável pela evolução. Deus é citado por 40%. Segundo 42%, a ascensão é resultado do próprio esforço.

As formidáveis histórias de vida dessas pessoas podem justificar essa percepção, apenas em parte influenciada por concepções religiosas. Os jovens, em particular, são filhos e netos daqueles cidadãos abandonados e maltratados pelo Estado. Criados a partir dessa memória familiar recente, ainda não enxergam o governo, qualquer que seja, como provedor de bem-estar. Não raro treinados em modelos espartanos de sobrevivência, converteram-se em homens e mulheres particularmente resilientes, que aprendem, enfrentam preconceitos e fazem acontecer. Incentivados à prática de um exercício de futurismo, 75% se veem na classe média em 2023; enquanto

10% esperam conquistar um posto na classe alta. Pode-se validar, assim, pelo menos no que diz respeito à parcela maior dos habitantes de favelas, a tese de que o brasileiro nunca desiste da luta.

O fator juventude, aliás, é fundamental à compreensão do pensamento silenciosamente revolucionário da favela. Nada menos que 26% dos integrantes das comunidades tinham idade inferior a 15 anos na época da pesquisa. No total, 61% não haviam completado 35 anos. Na virada de 2013 para 2014, a média de idade dos brasileiros era de 33,1 anos; na favela, de 29,7 anos.

Outros dados revelam outras características da heterogeneidade desses agrupamentos. Mais de 130 anos depois do surgimento do núcleo pioneiro Quilombo do Jabaquara,[1] em Santos (SP), reduto urbano de desterrados, a favela ainda é lugar de entrantes e forasteiros, particularmente nas regiões Sul e Sudeste. Em São Paulo, 52% dos moradores de comunidades não nasceram no estado. No Rio de Janeiro, essa parcela é de 29%.

Cabe destacar outra informação importante, que é a mobilidade das famílias nessa complexa malha de núcleos habitacionais, muitos deles de existência fugaz. Há favelas que surgem e, pouco tempo depois, são desfeitas ou transferidas para outro terreno, dentro ou fora do município. Foi o que se viu, por exemplo, na cidade de São Paulo, a partir da segunda metade da década de 2000, quando muitas comunidades sucumbiram, total ou parcialmente, ao fogo, em episódios não completamente esclarecidos pelas investigações policiais.

---

[1] O jornal santista *A Tribuna* situa a criação desse núcleo habitacional entre 1881 e 1882.

Outro exemplo famoso é o de 9 mil brasileiros que, em 2012, perderam subitamente o endereço, quando a polícia desocupou, de maneira violenta, a área da tradicional comunidade do Pinheirinho, em São José dos Campos (SP). O núcleo popular ocupava uma área três vezes maior que a do Vaticano. Contava com associações de moradores, sete igrejas, dezenas de estabelecimentos comerciais e uma grande praça, chamada Zumbi dos Palmares.

Se o cotidiano constitui vidas em trânsito, não é de estranhar que apenas 29% das pessoas tenham nascido na comunidade em que residiam na época da pesquisa. Viver na favela é, sobretudo, construir laços. No entanto, é também tocar a vida para a frente quando seus moradores são abruptamente "quebrados", seja por motivos particulares seja por inflexões derivadas de decisões no âmbito da gestão pública. Resistem melhor aqueles que sabem se mover na hora certa, que sabem recomeçar em outro lugar.

Uma história de saudáveis impermanências

Corria o mês de maio de 1977, quando o cantor e compositor baiano Gilberto Gil lançou o álbum *Refavela*, título que se repete em sua primeira faixa. A obra se constituía em referência cultural da mudança em curso no mundo e no Brasil. Em janeiro, por exemplo, o democrata Jimmy Carter havia assumido a presidência dos Estados Unidos e iniciara um processo de abertura política nos países da América Latina controlados por militares. Naquele ano, renasceram esperanças e acendeu-se o longo pavio da sedição. Os estudantes desafiavam o poder constituído e realizavam, na Pontifícia Universidade Católica (PUC) de São Paulo, o III Encontro Nacional dos Estudantes, cujo objetivo maior era reativar a União Nacional dos Estudantes (UNE), então na ilegalidade. Nas portas das fábricas, os operários do ABC Paulista (região formada pelos municípios de Santo André, São Bernardo do Campo e São Caetano do Sul) iniciavam o processo de reorganização classista que lhes permitiria deflagrar, no ano seguinte, a histórica greve do setor metalúrgico.

Ainda em 1977, Enéas Freire criava, em Recife, o bloco Galo da Madrugada, e Renato Russo, em Brasília, escrevia e gravava sua primeira música pela banda Aborto Elétrico. No Rio de Janeiro, a Beija-Flor de Nilópolis, município da Baixada Fluminense, impunha-se como grande escola, ao conquistar o bicampeonato do carnaval carioca, encantando o país com o enredo *Vovó e o rei da saturnália na corte egipciana*. Em São Paulo, o Corinthians, o clube dos proletários, tornava-se novamente campeão, depois de 22 anos, oito meses e sete dias. Conforme o cântico entoado no estádio Cícero Pompeu de Toledo, o Morumbi, era "festa na favela".

Convém recordar alguns trechos da composição de Gil, diante do sopro da mudança.

A refavela
Revela o choque
Entre a favela-inferno e o céu
Baby-blue-rock
Sobre a cabeça
De um povo-chocolate-e-mel

> *A refavela*
> *Revela o sonho*
> *De minha alma, meu coração*
> *De minha gente*
> *Minha semente*
> *Preta Maria, Zé, João*
>
> *A refavela, a refavela, ó*
> *Como é tão bela, como é tão bela, ó*
>
> *A refavela*
> *Alegoria*
> *Elegia, alegria e dor*
> *Rico brinquedo*
> *De samba-enredo*
> *Sobre medo, segredo e amor*

(Gilberto Gil, *Refavela*, WEA, 1977)

Naquele ano de sísmicos movimentos e pesadas incertezas, os moradores da favela do Vidigal, na Zona Sul carioca, decidiram também fazer história. Em dezembro, funcionários da prefeitura pisaram na comunidade com um firme propósito: iniciar um processo de remoção e abrir espaço para a construção de um hotel de luxo, ainda que a justificativa oficial fosse proteger os cidadãos de deslizamentos de terra. O projeto previa a destruição de 320 barracos na parte baixa do núcleo.

A associação dos moradores, no entanto, reagiu rapidamente e obteve uma ordem judicial para adiar a desocupação da área. Em seguida, granjeou o apoio da Pastoral das Favelas, depois de uma reunião realizada na Paróquia Santa Cruz de

Copacabana, na época a cargo do padre Ítalo Coelho. A mobilização guindou à causa juristas de renome, como Sobral Pinto e Bento Rubião. O cantor Ney Matogrosso seguiu a onda e soltou a voz num show destinado a angariar fundos para a associação.

A batalha prosseguiu por meses e os resistentes toparam até mesmo com tanques de guerra nos acessos à comunidade. Somente em 1978, depois de ampla mobilização, no morro e no asfalto, seria publicado o decreto de desapropriação para fins sociais, assinado pelo governador Chagas Freitas, que encerrou a disputa.

O músico Sérgio Ricardo, que residiu no Vidigal nos anos 1970, compôs uma canção inspirada na resistência popular à remoção. Nela, faz referência ao prefeito do Rio na época, Marcos Tamoyo, apelidado pelos moradores de Marco Tramoia, filiado à Arena, partido da Ditadura,

No Vidigal
Tem uma turminha de bamba
Que não se assusta com as ameaças do rei
Se vem o mal toda a favela se levanta

Tuas tramoias, já sei...

Não se brinca com o poder
Que poder do povo é bem maior.

(Sérgio Ricardo, *Vidigal*, RCA, 1976)

Em 1980, o papa João Paulo II faria uma visita ao Vidigal e o tornaria nacional e internacionalmente conhecido. Nunca uma favela fora tão intensamente submetida à investigação jornalística. Durante anos, no entanto, a comunidade viveria receios e suplícios, assistindo, por exemplo, à guerra entre as facções criminosas que dominavam a área e a vizinha Rocinha. Em 2006, já cumulada de benefícios estruturais, ainda registraria quinze homicídios e centenas de outros episódios de violência.

A Unidade de Polícia Pacificadora (UPP) seria instalada em 2012, ano em que a favela já tinha cara de bairro. Mais de duzentos policiais passaram a percorrer as vielas e os caminhos sinuosos na construção de sossego público, a fim de mediar, nem que fosse pela força, um acordo derradeiro de conciliação.

O Vidigal tornou-se, enfim, a refavela, a síntese de um processo de metamorfose construído no decorrer de décadas e que teve como protagonistas os próprios moradores, encantados, desde sempre, com a utopia do direito e da justiça. Em décadas de transformação, a comunidade trocou o papelão e o zinco por tijolo e concreto. Tocou o tempo todo a reforma, o aprimoramento, a ampliação, o refazer do espaço de morar e transitar.

A região do topo, conhecida como Arvrão, com visão privilegiada das praias do Leblon e de Ipanema, mantém viva no coração e na mente de todos a lembrança da época em que servia de base para o tráfico. Ali, porém, a mudança veloz silenciou o fuzil AR-15 e botou no lugar o alarido lúdico da criançada. Nos arredores, a casa em tinta fresca, o hotel, o bar e o restaurante ensaiam reproduzir o modelo de normalidade urbana do asfalto.

Ainda que ali perdurem graves problemas estruturais, como aqueles relacionados à coleta de lixo e ao escoamento do esgoto, um observador fundamentalista pode caracterizar o Vidigal atual como "não favela ou ex-favela". Segundo o Instituto Pereira Passos (IPP), o Vidigal tinha, em 2010, a mais alta renda domiciliar das favelas cariocas: 1.744 reais. Na Rocinha, essa média era de 1.291 reais.[2]

Além disso, parte de seus caminhos sinuosos podem agora parecer carregados de luxos externos e costumes aburguesados. Há gente de fora aos montes, de turistas a ativistas, de músicos a arquitetos, de empresários a boas-vidas, excêntricos ou não. Se prospera a demanda dos ingressantes, uma casa de um quarto, bem localizada, pode custar 200 mil reais, mesmo sem escritura definitiva.

O aglomerado de casas do Vidigal tomou forma no início dos anos 1940. Há, porém, registros de casebres na região, ao pé do Morro Dois Irmãos, desde os primeiros anos do século XX. Nesse longo tempo, a comunidade logrou valorizar o espírito de mudança, misturando o conflito ao acolhimento, teimosa em contrariar o major da Guarda Real de Polícia da Corte, Miguel Nunes Vidigal (1745-1843), antigo proprietário das terras, retratado pelos historiadores como perseguidor implacável dos candomblés e dos capoeiras, inimigo perverso das classes desprotegidas.

O nome do que já havia

Se tratamos da natureza desse modelo de coletivo popular, faz-se obrigatória uma revisita a sua história, de roteiro nebuloso, oculta sob o retrato opaco do senso comum e do estigma criminalizante. O termo *favela* tem origem na Guerra de Canudos, conflito sociorreligioso ocorrido entre

---

[2] Disponível em: <http://oglobo.globo.com/rio/vidigal-atrai-moradores-ilustres-ganha-status-de-favela-chique-8412639>. Acesso em: 17/4/2014.

1896 e 1897, no interior da Bahia, que acumulou como vítimas fatais, segundo estimativas, 20 mil sertanejos e 5 mil membros do exército republicano.

Finalizada a pugna, muitos soldados aguardavam gordo prêmio pelo triunfo, parte dele na forma de moradias. A compensação, porém, limitou-se aos rapapés dos políticos e aos elogios publicados por parte da imprensa da capital. Logo, a burocracia e o descaso reduziram os batalhões de fardados a legiões de desocupados, sem soldo e sem chão.

Em desespero, uma tropa de ex-combatentes decidiu fixar-se, ainda que provisoriamente, num morro na zona portuária do Rio, encaminhando a reivindicação ao Ministério da Guerra. Nos primeiros dias, veio à memória dos homens a elevação estratégica onde se haviam assentado para enfrentar os pelotões do beato Antonio Conselheiro. A posição tinha o nome *favela*, designação popular de planta ali bastante comum, a *Cnidoscolus quercifolius*.

Assim, por lembrança da campanha na Bahia ou por semelhança geográfica, o morro do Rio passou a chamar-se "da Favela". Em 1909, a revista semanal *Careta* imprime a palavra em um texto, ainda como substantivo próprio. Aos poucos, o núcleo inchado pelos veteranos, visível até mesmo aos distraídos, transformou-se em referência das comunidades carentes que se espalhavam pela cidade. Como resultado, *favela* saltou ao grau de substantivo concreto, que representa uma categoria singular de aglomerado habitacional.

No início dos anos 1930, o morro ganharia outra denominação, possivelmente porque era preciso destacá-lo do coletivo que passou a representar. Para alguns estudiosos, o nome *Providência* deriva de um rio com esse nome na região de Canudos, citado pelo escritor e jornalista Euclides da Cunha em seu livro *Os Sertões*. Para outros, o termo honra a "providência" tomada pelos soldados diante da omissão daqueles que lhes deviam dedicar apoio e amparo.

Nesse caso, a nomenclatura de fundação não se qualifica como contemporânea do nascimento do fenômeno. A ocupação do Morro da Favela foi precedida por outras, como no Morro do Castelo e no Morro de Santo Antônio, também no Rio de Janeiro. A desdita dos soldados, na verdade, somente proporcionou maior visibilidade a um tipo de ajuntamento humano que resultava, principalmente, do aprofundamento das desigualdades e de políticas de Estado incapazes de absorver a mão de obra daqueles, pouco antes, liberados dos grilhões do sistema escravista.

Para alguns estudiosos, a primeira favela brasileira surgiu, na verdade, em Santos, no litoral paulista, em 1881. O Quilombo do Jabaquara brotou como uma colônia urbana de escravos fugitivos, obra de abolicionistas da cidade. Suas longas fieiras de barracos ergueram-se rapidamente, abrigando gente de terras paulistas e de outras províncias. Ficava atrás da atual Santa Casa e se estendia até a encosta do Morro do Bufo, no trecho entre o túnel Rubens Ferreira Martins e a subida do Morro da Nova Cintra. Tinha como líder o sergipano Quintino de Lacerda, que fora escravo e, depois, seria eleito vereador do município.

Se germinou a favela, foi como consequência de bruscos rearranjos no conjunto de regras que ordenavam o jogo político no fim do período monárquico e nos primórdios da República Velha. Essa reordenação não foi atrelada a um projeto de transformação capaz de incluir social e economicamente a população negra. Cabe lembrar que muitos dos membros do Partido Republicano Paulista, motor das mudanças, eram escravistas.

Um de seus membros, Campos Salles, presidente do Brasil entre 1898 e 1902, libertaria seus escravos somente um ano antes da abolição. Outro dos líderes republicanos, Manuel de Morais Barros, irmão de Prudente de Morais, que seria o primeiro presidente civil da República, desfez-se de sua escravaria pouco tempo antes da sanção da Lei Áurea. E não foi capaz de alforriar seus cativos. Vendeu-os a outro fazendeiro.

Se hoje 67% dos habitantes da favela são negros, é certo que fazem parte de uma longa linhagem de excluídos do sistema econômico, vítimas de uma exploração que atravessou quatro séculos e de um desprezo que varou os cem anos seguintes. Para compreender o surgimento da favela, é fundamental lembrar que o irmão humano de origem africana foi, durante a maior parte da história brasileira, considerado uma "coisa", ferramenta e ativo contábil, não gente, não pessoa, ainda menos cidadão. Até hoje parte da elite nacional rejeita escandalizada qualquer projeto de indenização ou de "ação afirmativa" dirigido aos descendentes dos escravos. Dessa desdita trata, por exemplo, *100 anos de liberdade – realidade ou ilusão?*, samba-enredo da Estação Primeira de Mangueira, de 1988, composto pela fabulosa trinca Hélio Turco, Jurandir Pereira da Silva e Álvaro Miranda Ribeiro, não raro interpretado pelo talentoso Dudu Nobre.

> (...) *Onde está a liberdade?*
> *Onde está que ninguém viu?*
> *Moço...*
> *Não se esqueça que o negro também construiu*
> *As riquezas do nosso Brasil*
> *Pergunte ao criador*
> *Quem pintou esta aquarela*

*Livre do açoite da senzala
Preso na miséria da favela (...)*

Entretanto, um olhar atento descobre outros atores nesse atribulado período de substituição de mão de obra. Convocados para render os negros, sobretudo no labor agrícola, muitos europeus maltratados e rebelados acabaram por engrossar a massa de excluídos nos ajuntamentos empobrecidos das grandes cidades.

Com frequência, as autoridades públicas procuraram apagar as consequências do descompasso e da desarmonia, obviamente contribuindo para deitar estigmas sobre os excluídos. Mais fácil lhes parecia remover um cortiço ou uma favela do que constituir polos de educação e habilitação profissional para esses indivíduos. Nessa receita primordial de gestão das diferenças, misturam-se a ignorância, o preconceito, o egoísmo, a preguiça e a incompetência.

O primeiro prefeito do Distrito Federal (na época, o Rio de Janeiro), Cândido Barata Ribeiro, o mesmo que dá nome a uma das principais vias de Copacabana, exerceu papel importante nesse processo. Liderou, em 1893, forte investida contra as habitações populares, num tempo em que a cidade acolhia em seu bordado arquitetônico quase seiscentos cortiços, tetos para aproximadamente um quarto da população residente. O mais conhecido era o Cabeça de Porco, nas proximidades de onde hoje se situa o túnel João Ricardo, no bairro Gamboa. Na vasta construção, que se esticava da rua Barão de São Felix à pedreira dos Cajueiros, no Morro da Providência, viviam até 2 mil pessoas, segundo informações dos cronistas da época.

Em 23 de janeiro daquele ano, Barata Ribeiro marchou à frente de um grupo multidisciplinar de resolutos funcionários públicos que, em menos de 48 horas, botaram abaixo o complexo.

Ato contínuo, parte dos desalojados migrou para morros próximos, entre eles, aquele que anos depois seria povoado pelos veteranos de Canudos. Outro grupo de soldados, fiéis ao governo de Floriano Peixoto durante a Revolta da Armada (1893-1894), já havia recebido permissão para construir moradias sobre o Morro de Santo Antônio, no centro da cidade.

Cabe ainda notar que, na segunda metade do século XIX, é enorme a presença de portugueses no Rio de Janeiro. Em 1890, compunham 20,36% da população carioca, o equivalente a 106.461 pessoas. Seus filhos constituíam outra fatia de 30,84%. Assim, naquele ano, os lusitanos natos e seus filhos, perfaziam 51,2% da massa citadina. Em 1920, mesmo com o processo de diluição étnica, o censo mostraria que, dos 433.577 portugueses residentes no país, 172.338 viviam na cidade, o correspondente a 39,74% do total.[3]

No período entre os dois séculos, no despertar do espírito resistente da favela, enormes contingentes de portugueses ocupavam o estrato mais baixo da sociedade do Rio, vivendo e transitando nos mesmos espaços que a população afrodescendente. O cortiço era área comum. Muitos dos mulatos e das mulatas que assumirão protagonismos na construção de núcleos habitacionais não convencionais resultam de amores cruzados entre negros e egressos de Portugal.

Nesse ambiente de céleres mestiçagens, o Rio era conhecido como a "Cidade da Morte" ou "Porto Sujo", por causa

---

[3] Os dados procedem das pesquisas do livro "Os lusíadas na aventura do Rio Moderno", organizado por Carlos Lessa. Disponível em: <http://books.google.com.br/books?id=QPDe42CBSeMC&printsec=frontcover&dq=Os+lus%C3%ADadas+na+aventura+do+Rio+moderno&hl=t-BR&sa=X&ei=UwFYU5LnM-vJsQSGsYKABg&ved=0CDAQ6AEwAA#v=onepage&q=Os%20lus%C3%ADadas%20na%20aventura%20do%20Rio%20moderno&f=false>. Acesso em: 29/4/2014.

da violência, das valas de esgoto a céu aberto, das habitações insalubres e das frequentes epidemias de varíola, cólera e febre amarela. Essa má fama atravessou mares e continentes. Travada pela organização de traço colonial, formigante de quase um milhão de almas, a cidade testemunhava renhidas disputas pelo espaço.

Por deliberação da elite governante, em particular do presidente Rodrigues Alves, o engenheiro Francisco Pereira Passos, prefeito entre 1902 e 1906, empreende um projeto de reurbanização radical, considerado ao mesmo tempo estruturalmente higienizante e socialmente higienista. O famoso "Bota-abaixo" tinha como objetivos sanear, urbanizar e embelezar. Passos adotara como modelo a Paris remodelada e revigorada por Georges-Eugène Haussmann, o chamado "artista-demolidor", que atuara nesse ofício entre 1853 e 1870.

Auxiliado por outro engenheiro, Paulo de Frontin, o prefeito derrubou casarões e cortiços e ordenou a evacuação imediata de seus moradores. Ruas foram abertas e outras foram alargadas, a fim de garantir luz e ventilação aos viventes. Foram ao chão, por exemplo, os prédios paralelos aos Arcos da Lapa e o Morro do Senado. O Largo de São Domingos desapareceu para a abertura da avenida Passos. Rasgou-se a região com a avenida Central, atual avenida Rio Branco, destinada a funcionar como artéria do centro econômico e administrativo da renovada metrópole.

As favelas prosperaram, portanto, no ambiente da impermanência, sob o vento das mudanças urbanísticas engendradas para tornar o Rio de Janeiro o cartão-postal do Brasil. Reacomodaram-se, sempre que necessário. Rapidamente, percebeu-se que a tensão na cidade comprimida entre o mar e a montanha admitia acordos tácitos de colaboração. Se a elite pretendia o socorro rápido de seus serviçais, não podia tê-los na distância da periferia, ainda mais se o sistema público de transporte continuava precário. Permitiu-se, então, que se assentassem em pântanos e encostas, ou seja, no espaço não incorporado ao mercado capitalista de terras.

A investigação histórica revela que muitos dos movimentos ocorridos no processo de ocupação dos morros cariocas têm origem nesses episódios de construção de convivências. A Favela Santa Marta, por exemplo, surgida a partir da edificação de moradias humildes em 1924, teve origem nos esforços do padre José Maria Natuzzi para oferecer ocupação aos mais pobres, empregados nas obras do conceituado Colégio Santo Inácio e na capela agregada. Outros integrantes da comunidade chegaram ao Rio a partir de 1929, procedentes do Vale do Paraíba, depois que a quebra da Bolsa de Valores de Nova York golpeou duramente a economia cafeeira. Em muitos casos, tornaram-se vigilantes, operários ou empregados domésticos.

Episódios de força e verticalidade

Eleito governador da Guanabara, em 1960, o udenista Carlos Lacerda apostou na remoção das favelas como solução primordial para os problemas urbanos. Em sua gestão, mais de 42 mil pessoas foram retiradas de 32 comunidades, erradicadas parcial ou totalmente. De modo compulsório, esses grupos acabaram conduzidos a conjuntos, como Vila Aliança, em Bangu, e Vila Esperança, em Vigário Geral. Em Vila Kennedy, na Zona Oeste, foram recebidos, a partir de 1964, milhares de moradores de comunidades como Pasmado, Esqueleto e Maria Angu.

Em lares impostos, esses indivíduos tiveram de empreender radical reinvenção, vivendo distantes do centro da cidade e do local de trabalho, em áreas de comércio ralo e transporte precário. Lacerda seria menos criticado pelas remoções forçadas do que por supostamente sistematizar uma operação para a eliminação física de cidadãos sem-teto, entre 1962 e 1963, recebendo a alcunha de Mata-Mendigos.

A Cidade de Deus, erguida também na década de 1960, insere-se nesse contexto de desterritorialização das comunidades. Aqueles transferidos para o bairro provinham de 63 favelas, 70% deles anteriormente residentes nos núcleos Catacumba, Rocinha, Praia do Pinho, Parque da Gávea, Ilha das Dragas e Parque do Leblon.

No decorrer dos anos, a Cidade de Deus experimentou um processo de favelização ao longo do Rio Grande e de seu afluente, Estiva. Nas bordas do conjunto, surgiram favelas como Muquiço, Santa Ifigênia e Rocinha II. A comunidade, para o bem e para o mal afamada pelo cinema, teria em 2010 cerca de 37 mil moradores e indicadores sociais que atestariam um quadro de carências e dificuldades.

Convém lembrar que o regime militar imposto após o golpe de 1964, que derrubou João Goulart da presidência, fortaleceu o pensamento remocionista. Se havia o problema, que fosse resolvido na força, conforme a receita da caserna. Os números serviam de justificativa ao clamor conservador. Afinal, entre 1950 e 1960, os favelados cariocas haviam passado de 170 mil para 335 mil. Propagava-se a ideia de que se tratava de uma infestação que necessitava de urgente controle.

Em 1966, depois das enchentes que provocaram várias mortes em comunidades carentes, o *Jornal do Brasil* editorializava o reclamo:

A extinção das favelas justifica a paralisação de todos os programas de embelezamento urbanístico da cidade, pois não há melhor forma de ressaltar o esforço de melhoria da Guanabara do que a eliminação do contraste brutal e injusto das favelas com o perfil dos edifícios e a linha da paisagem favorecida.[4]

No ambiente da ditadura militar, as associações de moradores e a Federação das Associações de Favelas do Estado da Guanabara (Fafeg), francamente contrária às remoções, sofriam forte assédio dos órgãos de repressão política. A entidade, fundada em 1963, surgira sob inspiração esquerdista e suas lideranças mantinham relações cooperativas com o líder comunista Luís Carlos Prestes. Em vários episódios, os líderes comunitários foram detidos, como no caso da remoção da favela Ilha das Dragas, na Lagoa, em 1968. Outro caso relevante da época foi a eliminação da Favela da Catacumba, na mesma área, onde chegaram a viver 10 mil pessoas.

Convém destacar que o chamado Milagre Econômico (1968 a 1973) fez o país crescer a uma taxa média anual de 10%, com inflação que variava entre 15% e 20% no período. Realizavam-se investimentos na indústria pesada e em geração de energia. Aumentava também a produção de bens de consumo.

---

[4] Texto do XXVII Simpósio Nacional de História, A Pedagogia do Outro. Disponível em: <http://www.snh2013.anpuh.org/resources/anais/27/1364675339_ARQUIVO_RiodeJaneiroQuarentaanosembuscadapedagogiadooutro.pdf>. Acesso em: 29/4/2014. Também aparece em estudo do Observatório das Metrópoles. Disponível em: <http://www.observatoriodasmetropoles.net/index.php?option=com_k2&view=item&id= 442: ditadura-militar-e-favelas-estigma-ao-debate-sobre-a-cidade-1969-1973&Itemid=165&tmpl=component&print=1&lang=en>. Acesso em: 29/4/2014.

Se a ordem era fazer crescer o bolo antes de reparti-lo, como pregava o então ministro da Fazenda, Antônio Delfim Netto, dificultava-se a adoção de qualquer política extensiva de distribuição de renda.

De fato, o crescimento rendeu benefícios a determinados setores da produção, fortalecendo indiretamente algumas categorias de trabalhadores, em especial no setor fabril. Ao mesmo tempo, no entanto, o êxodo rural esticou as mangas empobrecidas das grandes cidades. Mesmo ao se estabelecerem profissionalmente, os ingressantes nem sempre encontravam adequada acomodação, o que adensava os núcleos habitacionais alternativos, como cortiços e favelas.

Em paralelo, o "Milagre" aprofundou as desigualdades sociais. Num projeto de crescimento que ignorou as bases econômicas, sociais e ambientais do tripé da sustentabilidade, famílias adquiriam a primeira Variant, pequena perua da Volkswagen, enquanto outras encontravam a fome e a dissolução nas periferias conflagradas. Convém destacar que, entre 1967 e 1973, o salário mínimo real perdeu 15% do valor.

Em 1973, o sonho do regime começou a se desmanchar, especialmente em razão do apoio dos Estados Unidos a Israel na Guerra do Yom Kippur. Os árabes aumentaram o preço do petróleo em mais de 300%, o que fez crescer o déficit na balança comercial brasileira. A inflação chegou a 34,5% em 1974.[5] Nessa época, São Paulo já contava com 525 favelas,[6]

---

[5] A taxa de inflação é atribuída à Fundação Getulio Vargas, cálculo do IGP, em "As contradições da inflação brasileira", do professor Luiz C. Bresser Pereira. Disponível em: <http://www.bresserpereira.org.br/Books/InflacaoeRecessao-1Edicao/09-As-Contradi%C3%A7%C3%B5es-da-Infla%C3%A7%C3%A3o-Brasileira.pdf>. Acesso em: 29/4/2014.
[6] O dado do número de favelas (525) é do Cadastro de Favelas da Secretaria do Bem-Estar Social, com dados colhidos no ano anterior.

muitas delas pequenas, com menos de cinquenta barracos, espalhadas pela teia urbana.

O malogro econômico vai aos poucos erodindo a reputação e o poder dos militares, em dado momento creditados como bons gestores. A partir da segunda metade da década de 1970, inicia-se uma abertura política lenta e gradual, ainda que entremeada por episódios de repressão ampla e irrestrita. Em 1975, os aparatos de repressão assassinam o jornalista Vladimir Herzog. No ano seguinte, silenciam para sempre o operário Manoel Fiel Filho. Esses episódios criam forte indignação da sociedade civil organizada. Há voz de protesto, em volume cada vez mais alto. A segunda crise do petróleo, em 1979, ocorrida por causa da revolução fundamentalista no Irã, abala novamente a economia brasileira.

No início dos anos 1980, a ditadura tropeça nas próprias pernas e abre espaço à manifestação das entidades populares. A Federação das Associações de Moradores de Favelas do Estado do Rio de Janeiro (Faferj), nova designação da Fafeg, recupera expressão e comanda campanhas destinadas a produzir melhorias nas comunidades. Exige-se coleta de lixo regular, sistema de água e esgoto, título de terra e pavimentação de ruas e vielas.

Em 1994, depois de aprovação na Câmara, sanciona-se a lei que cria a Secretaria Municipal de Habitação (SMH) do Rio

---

Consta do estudo Espaço e População nas Favelas de São Paulo (USP/FAU). Disponível em: <https://docs.google.com/viewer?a=v&q=cache:1MrSOtc4NiQJ:www.abep.nepo.unicamp.br/docs/anais/pdf/2002/GT_MA_ST21_Pasternak_texto.pdf+favelas+em+S%C3%A3o+Paulo&hl=pt-br&gl=br&pid=bl&srcid=ADGEESie2F_HqmyhFG1Baf-DXAKOcqV39-0d2fUpJ0FEwjVihl24zyXMFsI_J_4cZwsnhfixEQftiHr49iy53bkb0-8Ci12Y8vTLLQNcwoRAkKGaJ-bu8bc_CCbisgujHIADHUDwJkaQ&sig=AHIEtbRsT2UDwtwyLNupCbum04slwUgXGA>. Acesso em: 29/4/2014.

de Janeiro. Nessa época, na primeira gestão do prefeito Cesar Maia, diversas secretarias e fundações públicas começam a atuar oficialmente no Programa Favela-Bairro, que contou com recursos do governo do estado e do Banco Interamericano de Desenvolvimento (BID). O objetivo era ampliar ações realizadas em governos anteriores, compatibilizando direitos individuais e aspirações coletivas na construção da "Cidade Maravilhosa". Dirigiu-se o foco para serviços sociais, regulamentação imobiliária e qualificação da infraestrutura.

Esse ano é particularmente importante para o país. Em fevereiro, foi criada a Unidade Real de Valor (URV), uma âncora nominal de referência que preservou o poder de compra dos salários. A proposta era constituir um processo de desindexação da economia. Nos tempos de realeza do dragão inflacionário, as regras permitiam reajustes de preços e salários com base em oscilações passadas, o que realimentava o monstro, num ciclo interminável de correções. A negociação na data-base, substituindo a indexação salarial, contribuiu para travar o gatilho da arma inflacionária.

O programa de estabilização, liderado pelo então ministro da Fazenda, Fernando Henrique Cardoso (FHC), fora elaborado por meio das contribuições de outros economistas, como Pérsio Arida, André Lara Resende, Gustavo Franco e Clovis Carvalho. Em 1º de julho de 1994, foi instituída a nova moeda, o Real. Assim, 2.750,00 cruzeiros reais foram convertidos em 1 real. A partir desse momento, o controle da inflação permitiu que as empresas e as pessoas planejassem ações no longo prazo. Vale lembrar que, de 1965 a 1994, o país acumulara uma inflação de 1.142.332.741.811.850% (IGP-DI), o equivalente a 1,1 quatrilhão por cento, multiplicado em seis diferentes moedas.

Na era do Real, desapareceram, por exemplo, os casos de inadimplência por causa de prestações com valores pós-fixados.

Os mais pobres, que durante muito tempo sofreram por não contar com a defesa bancária de seu patrimônio, passaram a comprar mais, em condições mais justas. A favela respirou melhor. Vários solavancos na economia marcaram a segunda gestão presidencial de FHC. Analistas criticavam a política de juros altos e a ausência de medidas que ampliassem o mercado interno. Em 2003, os brasileiros preocupavam-se especialmente com o desemprego.

No início dos anos 2000, o ex-metalúrgico, Luiz Inácio Lula da Silva, é eleito presidente da República. Ele mantém as bases da política econômica de seu antecessor, honra contratos e detém a anunciada fuga de capitais. Ao contrário do que vaticinavam seus mais ferrenhos opositores, não derruba a tinta rubra sobre o pavilhão nacional nem copia o modelo cubano de gestão pública.

Seu governo, que duraria oito anos, teve destaque pela expansão e pela criação de programas sociais, pela redistribuição dirigida de renda, pelos esforços em favor da descentralização econômica e pela inclusão de milhões de brasileiros nos círculos do consumo. Sua estratégia impulsionou a geração de empregos e aqueceu sobremaneira o mercado interno. Desse modo, reduziu o número de miseráveis e fez engordar a classe média.

Um dos principais programas de Lula foi o Bolsa Família, que unitariamente fez trafegar somas mínimas do poder público para as famílias carentes. Somados os milhões de beneficiados, no entanto, constituiu uma massa relevante de recursos. Grosso modo, sua dinâmica econômica funcionou numa espiral ascendente. Se vale um exercício didático criativo, a família de José, segurada do plano governamental, comprou mais biscoitos na padaria de João. Já João elevou a quantidade de itens solicitados aos fornecedores, obrigados a aumentar a produção. Nesse processo, a demanda por novas máquinas ativou outros setores industriais, estimulados a contratar novos colaboradores. Esses ingressantes no mercado de trabalho formal também foram incluídos no mundo do consumo, multiplicando as vendas de padarias, de lojas de vestuário e até de concessionárias de automóveis. Quando da edição deste livro, cada 1 real investido no programa adicionava 1,78 real ao Produto Interno Bruto (PIB) brasileiro.

Ao mesmo tempo, o governo do "sapo barbudo", conforme o apelido inventado por Leonel Brizola, moveu esforços para promover aumentos reais no salário mínimo, manter a inflação em patamares baixos e desburocratizar o processo de criação de empresas. Quando o homem de Garanhuns deixou a presidência, em 2010, a renda somada da classe C chegava a 500 bilhões de reais, alimentando 76% do consumo no país. Naquele ano, a classe D gastou 380 bilhões de reais, contra 260 bilhões de reais da classe A.[7] Essa troca de papéis exigiu adaptações do setor produtivo e severas alterações nos planos de marketing e publicidade das empresas. Quando Dilma Rousseff vestiu a faixa presidencial, 22 milhões de famílias empenhavam-se na construção ou na reforma de uma habitação.

O Instituto Data Popular ofereceu detalhadas radiografias dessa revolução silenciosa, indicando caminhos para que os gestores decifrassem o segredo dos emergentes. Nestes anos de movimentos vertiginosos, a ordem tem sido aprender a língua da ascensão e reconhecer a liturgia associada ao consumo do cortiço, da favela e dos novos bairros populares.

Convém destacar que a mudança na favela deve-se principalmente ao trabalho. O Brasil gerou 20 milhões de empregos em dez anos, até 2013, muitas dessas vagas ocupadas pelos habitantes das favelas. Hoje, 52% dos moradores desses

---

[7] Dados do Instituto Data Popular.

núcleos desenvolvem ofícios na formalidade. No total, 49% têm carteira assinada na iniciativa privada e 3% são funcionários públicos.[8]

O registro empregatício garante treze salários, uma poupança por meio do fundo de garantia e acesso ao crédito, modificando a vida das pessoas e revolucionando seus redutos de moradia. Por meio do estímulo ao consumo e da criação massiva de postos de trabalho, mais do que por meio dos programas sociais, o Brasil tem reduzido paulatinamente a desigualdade e constituído benefícios inéditos para os mais pobres, em especial para os habitantes das favelas.

Se pretendemos compreender o país que muda para melhor, a despeito de inúmeras pendências seculares no que tange à universalização de direitos, convém que olhemos para as favelas. Elas são fundamentais para que reconheçamos, na experiência pretérita, os erros na gestão do Estado e para que possamos, com ciência e generosidade, construir agora o Brasil do futuro.

Que sejam lembrados, nas linhas finais deste denso capítulo, alguns versos de *Ê Favela*, de Clara Nunes, homenagem justa a esses lugares do viver criativo e intenso, redutos de gente forte e terna, onde o Brasil vai se abastecer de energia e fé.

Ê ê ê ê favela
A infância que tive não posso esquecer
Quanto tempo importante passei por aqui, aqui
A barreira surgiu, mas me fiz superar
Nosso amor esperança retorna a fluir, fluir..

(Candeia e Jaime, Clara Nunes, *Esperança*, EMI-Odeon, 1979).

---

[8] Dados do Intituto Data Popular.

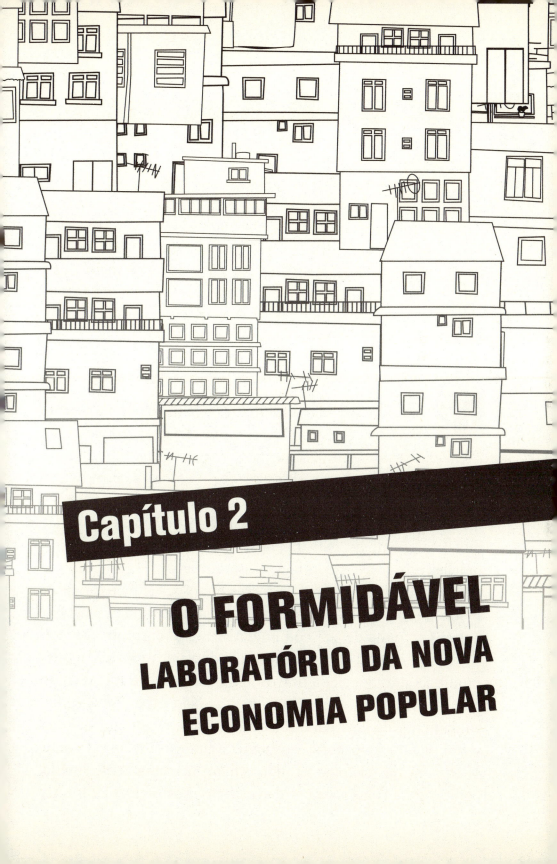

Capítulo 2

O FORMIDÁVEL LABORATÓRIO DA NOVA ECONOMIA POPULAR

Marivaldo caminha resoluto e satisfeito pela rua Joaquim de Queiroz, via principal da Grota, no Complexo do Alemão, área do Rio de Janeiro que se tornou conhecida internacionalmente depois dos violentos combates entre forças policiais e traficantes, iniciados em 2010, e que durariam pelo menos dois anos. Ele vive com a família numa viela próxima, numa casa simples, mas digna, semelhante a tantas outras de brasileiros que ascenderam à classe média.

Com destreza, desvia de carros e motocicletas para apresentar a uma dupla de visitantes o emaranhado de casas, caminhos e coisas de sua comunidade. Em dado momento, ele se vira e enquadra com os olhos uma dupla de rapazes. Sussurrando, conta que, em outros tempos, percorriam as ruas armados de fuzis, cheios de soberba. Não sabe como agora ganham a vida. No entanto, bem conhece o que um de seus vizinhos tem feito para prosperar: administra a loja de uma operadora de telefonia celular. Afinal, a comunidade inteira parece agora conectada por dispositivos móveis. Logo à frente, um garoto quase adolescente fala com a mãe, ela no trabalho em um bairro da Zona Sul. "Pode deixar, eu faço a lição; vou deixar o caderno em cima da mesa da cozinha", promete, com a voz fininha e tímida.

Empenhado em guiar os olhares, Marivaldo agora ergue o dedo para cima e o movimenta lentamente, acompanhando uma das 152 gôndolas do teleférico do Alemão, sistema de transporte inaugurado em 2011 que facilitou a locomoção nas comunidades. São seis estações, uma delas faz a ponte com a malha ferroviária da cidade. Para o morador orgulhoso, a obra já se incorporou ao menu turístico do Rio. "A vista lá de cima é espetacular", informa.

Depois de fixar-se no céu cinzento, cogita a possibilidade de chuva, mas não desanima de exibir seu lugar. "Nasci aqui mesmo, na verdade, em Nova Brasília, núcleo aqui vizinho, em uma família que superou muitas dificuldades", conta, reproduzindo uma história ouvida em outras favelas brasileiras. "Minha mãe deu duro para sustentar os filhos e se esforçou para colocar todos eles no bom caminho".

Depois de refletir alguns segundos, Marivaldo define a mudança no ambiente das favelas. Para ele, a principal delas, geradora de todas as outras, é econômica. Segundo ele, as comunidades são menos pobres do que nos anos 1980, quando gastou a juventude à procura de um meio honesto de sobrevivência.

No entanto, pretende adiar o debate sobre o assunto. Quer exercitar ainda mais a visão dos visitantes. O passo vai conduzindo a um braço mais estreito da rua. Ergue-se ali a capela católica de São Joaquim e Santana. À frente dela, um garoto com a camisa do Vasco da Gama faz embaixadinhas. Um rapaz pula da bicicleta para recolocar a corrente na catraca. "Mas isto aqui não era tranquilo assim, não", adverte

Marivaldo, lembrando que pisava sobre uma área de desova de vítimas abatidas pelo crime organizado.

Conforme as narrativas locais, a vida sem tormentos de guerra origina-se na instalação das Unidades de Polícia Pacificadora (UPPs), na entrada da década. Sua manutenção tem relação direta com a criação e a ampliação dos negócios legais, mesmo aqueles não formais. Se as pessoas agora trabalham, comercializam e constituem renda, menos espaço sobra ao desenvolvimento das práticas infracionais.

Por ali, há gente que entra e sai de uma agência vermelhinha de um banco, pioneiro na região. Uma senhora de cabelos grisalhos para na porta e conta um maço de dinheiro. Não parece preocupada. Depois de pigarrear, coloca tudo no bolso do vestido florido, e se vai sobre passos rápidos. Diante da casa lotérica, benefício também recente, outra senhora, magrinha e de pele vincada, balbucia os números de sua aposta. Ao mesmo tempo, força a vista para determinar o valor de uma conta. "A gente logo se acostuma com a comodidade", filosofa Marivaldo. "Mas isto tudo aqui é novidade, porque nem ir e vir era uma coisa tão simples para o povo da favela."

Ele conta das barreiras levantadas pelos traficantes e dos horrores vividos pelos pais de família. "Quando havia troca de tiros, eu ficava com o coração na mão, sabendo que minha filha ia atravessar a linha de batalha quando voltasse para casa", recorda.

Por entre as lacunas do fluxo fervilhante, avista-se uma loja que exibe peças de lingerie, algumas que balouçam ao vento com cheiro de terra que precede a chuva. Há originalidade e modelos ousados que expõem a criatividade dos fabricantes. Sobram clientes entusiasmadas. Uma delas, com um sorriso libidinoso, examina as rendas de uma calcinha preta e rosa. Outra, mais jovem, tímida, quer um sutiã com bojo. O dinheiro circula.

Mais adiante, lojas de usados se enfileiram, quase todas abarrotadas de aparelhos de televisão. "Mas de onde vem tanta TV assim?", pergunta-se ao negociante, um cinquentão de pele clara e bigode, que tem o corpo atirado sobre uma cadeira de praia. "É porque preferiram as modernas, as fininhas; eu compro e revendo estas aqui para quem não tem nenhuma ou quer 'turbinar' o quarto do filho", explica.

O Data Favela confirma, por meio de suas pesquisas, a natureza do fenômeno. Nas favelas brasileiras, 47% das famílias já dispõem de pelo menos um televisor de tela plana, seja de plasma, LCD ou LED. Mais impressionante é saber que 28% das residências contam com algum canal de TV por assinatura. Muitas vezes, a televisão funciona como uma espécie de "babá eletrônica" na comunidade. Além de servir como forma de lazer para toda a família, ajuda a entreter a petizada enquanto a mãe cuida de seus afazeres.

A busca por um menu alternativo de atrações reflete a diversificação de saberes e preferências do morador da favela. Marivaldo é flamenguista, mas não se considera fanático. Aprecia a alta definição para acompanhar os grandes jogos e as decisões. No entanto, busca mais é satisfazer seus gostos requintados. Se encontrar um documentário sobre os astros do jazz, como Louis Armstrong ou Duke Ellington, vai colar os olhos na tela. Ali, encontrará referências da negritude e os acordes que procura tirar de seu saxofone.

No YouTube, Marivaldo completa suas pesquisas musicais. Sempre que lhe sobra tempo, clica num dos videoclipes da cantora nigero-britânica Sade Adu. O problema que enfrenta é o ciúme da mulher, que condena sua devoção pela artista.

Se esse filho do Alemão viaja para longe e se reinventa, convertido em usuário de novas tecnologias, é porque a economia que o circunda vem se alterando significativamente, de modo especial nos últimos dez anos, combinando fatores do macro e do microambiente.

No raiar de 2014, ele rendia suas energias a duas ocupações, uma delas como motorista, outra como técnico em eletrônica, especialista na montagem de bombas de combustível. Beneficiava-se, portanto, da revolução do emprego no Brasil, que criou cerca de 20 milhões de empregos formais a partir de 2003. No âmbito comunitário, ganhou com o ingresso do Estado em seu território, no qual passou a entrar e sair de acordo com sua vontade e sua necessidade.

Agente dessa nova ordem que vai ressignificando as favelas, Marivaldo comete virtuosas insanidades, como dormir quase nada, no máximo quatro horas por dia. Se trabalha feito doido, ainda encontra tempo para mergulhar o pensamento num curso universitário a distância. Crente em Deus e em seu filho, Jesus Cristo, contente com a plena saúde, considera sua missão obter os recursos necessários à formação educacional dos filhos.

Em anos recentes, esse personagem e muitos de seus laboriosos vizinhos têm trocado o suor por um substancial incremento de renda. Convém o exame de dois conjuntos relevantes de dados comparativos. No Brasil, em 2003, a renda média da mão de obra produtiva era de 1.172 reais. Saltou para 1.616 reais em 2013, um avanço de 37,9%. No caso das favelas, em 2003, os ganhos chegavam a 690 reais. Em dez anos, esse quinhão subiu a 1.068 reais, um acréscimo de 54,7%, conforme projeção do Instituto Data Popular, com base na PNAD/IBGE 2003 e 2012.[9]

No fim de 2013, a fatia dos habitantes de favelas na classe média era de 65%, contra 33% dez anos antes. A massa de renda nas comunidades brasileiras era estimada em 63,2 bilhões

---

[9] Esse cálculo já desconta a inflação do período.

de reais, o equivalente ao que todos os bolivianos, por exemplo, fazem circular em suas intervenções de consumo. Desse total, 51% estavam concentrados na região Sudeste, o equivalente a 32 bilhões de reais. Em segundo lugar, encontrava-se o Nordeste, com 22% de *share*, o que correspondia a 14 bilhões de reais.

Outro dado saltava aos olhos. A renda média dos trabalhadores das regiões Norte e Nordeste mostrava-se inferior à média nacional das favelas. No Norte, era 3% menor; no Nordeste, 22%.

Nas comunidades, em que 53% das pessoas já passaram fome, a vida melhora se ocorre alguma elevação nos ganhos da família. É a economia, em seus aspectos mais essenciais, que define o humor dos cidadãos. Em 2013, 76% consideravam que a vida efetivamente havia melhorado e 93% estavam otimistas em relação aos doze meses seguintes. No entanto, a principal responsabilidade por esse avanço raras vezes foi atribuída às políticas governamentais ou às oportunidades criadas pela iniciativa privada. Para 42%, o salto teve origem no esforço pessoal. Outros 40% o consideraram uma dádiva de Deus. A família figurou em terceiro lugar, com 14% das referências. Apenas 1% lembrou-se do governo, enquanto igual magra parcela preferiu saudar o empregador.

Nesse universo, o Bolsa Família (BF) figura como reforço de renda, capaz de aquecer a economia local. No total, 24% dos habitantes de favelas têm alguém no domicílio que recebe o benefício. É o equivalente a 2,8 milhões de pessoas. Ao completar dez anos, em outubro de 2013, o programa atendia a 13,8 milhões de famílias, 6,9 milhões delas nos estados do Nordeste. Quando do lançamento, o valor médio do benefício era de 74 reais mensais. Uma década depois, chegou a 152,67 reais.

Esses valores, por menores que sejam, não apenas sustentam famílias, mas asseguram meios para que seus integrantes, especialmente as mulheres, empenhem-se em atividades produtivas. Quem tem garantido o pão de cada dia pode se dedicar, por exemplo, a uma oficina de costura ou à preparação e venda de algum quitute. Esse ganho mensal garantido estimulou as chefes dos núcleos familiares a estudar as melhores práticas de consumo e a fazer uso de saberes contábeis. Afinal, para quem vive com pouco, cada real tem grande valor.

Com o Bolsa Família e programas afins, como o Brasil Carinhoso, ganhou obviamente o mercado de gêneros alimentícios. No entanto, outros segmentos foram beneficiados. O brasileiro passou também a adquirir mais roupas, mais medicamentos, mais cosméticos e mais itens de higiene pessoal. A transferência de renda faz o dinheiro circular e aquece, direta ou indiretamente, todos os setores da produção.

Com 50 milhões de beneficiários, o BF é um multiplicador no ambiente das trocas econômicas. Se a poupança "sequestra" dinheiro dos mercados, esse tipo de investimento social o multiplica. No fim de 2013, segundo dados do Instituto de Pesquisa de Economia Aplicada (Ipea), os gastos com o BF equivaliam a menos de 0,5% do Produto Interno Bruto (PIB). Entretanto, cada 1 real aplicado agregava 1,78 real ao PIB e fazia girar 2,40 reais no consumo das famílias.[10]

Cabe aqui uma comparação. Com investimentos da ordem de 0,6% do PIB, o seguro-desemprego adicionava proporcionalmente 1,09 real ao PIB e entregava 1,34 real ao circuito de consumo.

Muitas pessoas não entendem como isso ocorre. Seria mágica? Não. Na verdade, os mais pobres, em especial os favelados, têm a necessidade de gastar mais do que outras

---

[10] Disponível em: http://www.sae.gov.br/site/?p=18062. Acesso em: 17/4/2014.

faixas da população. Isso quer dizer que reforços financeiros são logo aplicados na satisfação de necessidades urgentes. E mais: irrigam a economia local. No caso das favelas, os valores recebidos são gastos, quase sempre, no comércio da comunidade. É o que ocorre, por exemplo, nas transações efetivadas na citada rua Joaquim de Queiroz, no Complexo do Alemão.

No caso do BF, o impacto maior ocorre naquelas famílias com mais baixos rendimentos. Considerando o decênio adotado como recorte de nossa análise, a renda média real dos 10% mais pobres no país cresceu 120%, em valores que logo foram despejados no circuito de produção e comércio.

Há um benefício colateral positivo na aplicação do programa, de acordo com os dados do Ministério do Desenvolvimento Social e Combate à Fome. Olhemos com atenção para região Nordeste, por exemplo. Ali, respeita-se a determinação de que os alunos entre 6 e 15 anos devem consignar frequência escolar superior a 85%. De 2006 a 2012, essa exigência foi atendida por 97,3% dos beneficiários.

Esses efeitos parecem duradouros. Em 2012, 3,8% dos beneficiários nordestinos do BF abandonaram o ensino fundamental. No caso dos outros alunos da rede, porém, o índice foi de 7,5%. Considerado o desafio da saúde, as metas também têm sido cumpridas. Nas famílias nordestinas que recebem a bolsa, 99% das crianças com até 7 anos estavam com a vacinação em dia em meados de 2013. Nessa época, 98% das gestantes faziam ao menos uma consulta médica pré-natal.

Esses números, coincidentemente, são bastante próximos daqueles registrados nas favelas que bordam as grandes e médias cidades, de Norte a Sul do país.

No entanto, as pesquisas do Data Favela mostram que o principal fator dinamizador da economia nas comunidades não é o bem-sucedido Bolsa Família, mas a criação massiva de empregos nos dez anos que precedem a pesquisa. Quando da redação deste livro, em janeiro de 2014, foram criados 25.595 postos formais de trabalho, mesmo em um período marcado pela demissão dos temporários agregados na época das festas. A taxa de desemprego no país, segundo a Pesquisa Mensal de Emprego (PME/IBGE) era de 4,8% da população economicamente ativa, o mais baixo patamar da série histórica para o mês. No caso do Rio de Janeiro, em que 10% da população vive em favelas, a taxa era ainda mais baixa: 3,6%. A pesquisa apontou que o rendimento médio dos ocupados nas seis regiões metropolitanas pesquisadas era de 1.983,80 reais, valor 3,6% mais alto que aquele registrado em janeiro de 2013.[11]

Ajustemos a luneta para investigar o que ocorria especificamente nas comunidades durante o período de pesquisa do Data Favela, no segundo semestre de 2013. Dos que trabalhavam, 49% compunham o exército formal de mão de obra, ou seja, guardavam uma carteira de trabalho preenchida na gaveta do criado-mudo. Ao mesmo tempo, 21% cerravam fileiras no mercado informal, 19% ganhavam a vida como autônomos, 4% contribuíam para a economia como empregadores, 3% tinham empregos públicos e mais 3% desenvolviam outras ocupações.

Além do trabalho em si, a revolução silenciosa da favela tem como base a formalização das atividades profissionais. O contracheque impresso abre portas para o crédito e para o consumo. Seus portadores podem planejar o futuro e repartir o ônus das aquisições em 12, 24 ou 36 obrigações mensais. Dos milhares e milhares de TVs de tela plana que entraram no

---

[11] Disponível em: <ftp://ftp.ibge.gov.br/Trabalho_e_Rendimento/Pesquisa_Mensal_de_Emprego/fasciculo_indicadores_ibge/2014/pme_201401pubCompleta.pdf>. Acesso em: 29/4/2014.

Complexo do Alemão nos primeiros anos da segunda década deste século, a maior parte foi adquirida dessa forma.

Na Grota, são homens e mulheres empregados que tentam a sorte na Mega Sena ou nas variadas formas de raspadinhas oferecidas pela Loterj. São eles que mantêm movimentada a agência do banco presente ali, poucos metros adiante. Ambas as senhoras citadas neste capítulo são assistidas por filhos que trabalham com carteira assinada. A primeira delas, aquela do vestido florido, ainda acumula rendimentos obtidos em seu pequeno comércio.

Entre os habitantes de favelas, 3,3 milhões já possuíam conta-corrente em alguma instituição financeira no segundo semestre de 2013. No total do país, 53% dos cidadãos encontravam-se "bancarizados". No caso da favela, essa porção era de 41%. A boa notícia é que esse grupo crescia rapidamente e verificavam-se variações estatísticas positivas todos os meses.

Outro dado despertou a curiosidade dos pesquisadores. Entre os habitantes de favelas com mais de 16 anos, 4,8 milhões não tinham uma conta de poupança. Mais do que as barreiras burocráticas impostas pelas instituições financeiras, contava a situação das famílias, menos interessadas em guardar dinheiro do que em satisfazer às necessidades imediatas.

Os valores acumulados no mês pagam, para alguns, a mobília do novo apartamento, obtido graças ao Programa de Aceleração do Crescimento (PAC), que foi redesenhar as franjas de várias comunidades, como o próprio Alemão. Há também o dinheiro que paga o freezer, a faculdade ou a roupa nova. Nada considerado supérfluo. Todos esses itens, de certa maneira, são encarados como investimentos. É a comida que dura mais, é o conhecimento que constitui passaporte para o crescimento profissional, é o visual renovado que abre portas na sociedade.

Migalhas e novas percepções da riqueza

Ora, mas a favela, cada vez mais consciente, percebe que parte de seus recursos é drenada para os círculos do grande capital. No caso das compras que envolvem altos valores, por exemplo, acaba por irrigar mais a economia do asfalto. Eu, Renato Meirelles, que movimento duas das quatro mãos que escrevem este livro, aqui narro um pouco da vida de meu sócio e parceiro, Celso Athayde, que pensa como formidável economista para investigar esses fenômenos.

Ele não aprendeu com Keynes ou com Amartya Sen, mas com a vida, tocando pequenos negócios no vasto universo dos excluídos e daqueles em processo de inclusão. Nasceu na Baixada Fluminense, em Nilópolis, num bairro chamado Cabral. Quando completava 5 anos, seus pais se separaram, depois de sérios desentendimentos. Nos anos seguintes, morou nas ruas. Sobrevivia da caridade e da venda de doces, inclusive para os traficantes, que adoravam guloseimas. Na luta pelas migalhas da grande economia, perderia o irmão, assassinado. A cada manhã, surpreendia-se de ver o Sol mais uma vez. Viveu dois anos em um abrigo público, em São Cristóvão, e depois foi ocupar um pedacinho de chão na Favela do Sapo.

Com o tempo, considerou que podia ganhar a vida como camelô. E, dotado de boa lábia, prosperou no comércio informal, em Madureira. Atento analista de cenários, cogitou, então, a possibilidade de ganhar algum dinheiro no mundo do entretenimento. Assim, passou a organizar bailes, sempre muito concorridos. Em seguida, já na década de 1990, decidiu empresariar músicos dos estratos populares. Botou no caminho do sucesso a banda de rap Racionais MC's e dois grupos de pagode, o Negritude Junior e o Sem Compromisso.

Tempos depois, resolveu largar o rap, que considerou mais um elemento da indústria da denúncia. Aos poucos, a música inseriu-se no sistema, converteu-se em produto. Ainda que pudesse despertar consciências, tornou-se incapaz de produzir uma autêntica revolução social. Foi ecoar longe da utopia.

Rebelde e inquieto, Athayde resolveu promover discussões sobre os mais diversos assuntos em uma sala emprestada de um curso pré-vestibular, em Madureira, subúrbio do Rio. Um dia, assistiu assombrado a um debate sobre energia nuclear entre uma menina da favela e um professor universitário. "Tem conteúdo, muito conteúdo na favela", convenceu-se. Dessas trocas de ideias, surgiu a Central Única das Favelas (Cufa), a mais representativa entidade brasileira dedicada ao desenvolvimento integral das populações desses núcleos.

Em parceria com o rapper MV Bill, Athayde empenhou-se por vários anos na produção do documentário *Falcão – Meninos do tráfico*, relato videográfico de sucesso que geraria um elogiado livro de mesmo nome. Um prolongamento desse trabalho foi a obra *Falcão – Mulheres e o tráfico* (Objetiva, 2007), também em parceria com MV Bill.

Em tempo recente, o produtor e ativista sociocultural incomodou-se com a ausência de protagonismos empreendedores no processo de ascensão econômica das populações na base e no meio da pirâmide. Descobriu ainda que produtos consagrados não chegavam a 150 mil pontos de venda potenciais, encravados nas comunidades brasileiras. Finalmente, concluiu que convinha constituir meios para reter o dinheiro conquistado pelos favelados e, ao mesmo tempo, empregá-lo em projetos locais de desenvolvimento.

A Favela Holding, criada por Athayde, honra essa lógica transformadora, criando e fortalecendo mercados nas comunidades. Persegue, assim, o objetivo de atuar na área do empreendedorismo comunitário, fomentando negócios capazes de criar empregos e renda. As empresas coligadas devem, primordialmente, visar à promoção social e econômica das favelas e de seus moradores.

Mas como? As receitas operativas são diversas. E atendem às necessidades singulares do heterogêneo mundo das favelas. Uma das opções é a associação estratégica com "milionários" (termo do vocabulário bem-humorado de Athayde), ou seja, atores sociais capitalizados que possam multiplicar seus investimentos e, ao mesmo tempo, oferecer condições para que os membros de comunidades cresçam como gestores dos próprios negócios coligados.

Um dos projetos em curso da Favela Holding é a criação de um shopping center no Complexo do Alemão. O projeto está orçado em 22 milhões de reais, deve abrigar quinhentas lojas e gerar 6 mil empregos diretos e 4 mil indiretos. Pelo menos 60% das lojas serão comandadas por moradores locais.

Para a *startup*, negocia-se com as marcas uma alteração no padrão dos acordos para a operação de unidades de franquia. Como poucos moradores têm condições de efetuar um gordo investimento inicial, a solução é que inicialmente componham a sociedade apenas com a força de trabalho. Quem deixar a favela precisa também abandonar o negócio no centro comercial. Esse deve ser o primeiro de quatro shoppings do gênero em comunidades cariocas.

O magnata que começou camelô

O lápis que calcula o negócio do shopping no Alemão se move entre os dedos lépidos do mineiro Elias Tergilene, um daqueles "milionários" do léxico celsista. O empresário, no entanto, nem sempre se apresentou em camisas de seda e calçados de verniz impecáveis. Começou a vida vendendo esterco. Depois, exercitou-se nas mais diversas atividades. Foi camelô, dono de boteco, carreteiro, serralheiro, fabricante de móveis e minerador.

Em 2008, resolveu investir num negócio não convencional: a compra de shoppings falidos ou inativos, incapazes de funcionar segundo o modelo convencional competitivo. Para os analistas em empreendimentos comerciais, alguns deles simplesmente estavam condenados, pois estavam em áreas impróprias ao consumo, como aquele de Belo Horizonte, próximo da rodoviária e de um reduto de baixa prostituição.

Perguntado sobre o público de seu centro de compras reativado, Tergilene determinou que seu *target* era a classe G, letra que abre a palavra "gente". O objetivo da rede Uai foi, desde o início, constituir oásis de concreto, ou seja, territórios de bem-estar, beleza e arrumação nos guetos das grandes cidades.

Os lojistas dos shoppings do grupo pagam apenas taxa de ocupação. Não descontam nada do faturamento. Tergilene investe diretamente no treinamento da mão de obra, mas não lamenta o gasto. Costuma afirmar que seu negócio, além de lucrativo, agrega um sentido social.

Seu objetivo declarado é desenvolver a economia local e introduzir pessoas no bom circuito das transações comerciais. Segundo ele, o cidadão pode sempre fracassar, mesmo que tenha o talento para produzir incríveis programas de computador ou saborosas coxinhas de frango. Para o empresário, cada um precisa ganhar oportunidades para vender, de modo justo, o que faz de melhor.

Tergilene apaixonou-se pela favela, especialmente pela criatividade dos moradores, praticantes da melhor versão do jeitinho brasileiro. Adotou como meta ensinar os membros da comunidade a ganhar dinheiro com seus dons e seus saberes. Afirma que o melhor dos mundos é o da formalização, em que essas atividades multiplicam empregos e aumentam o total arrecadado de impostos. O empresário celebra a atividade formal como o lugar da limpeza, da segurança e da qualidade.

Quando fala de economia, Tergilene é transdisciplinar. Seu shopping na favela distingue-se com um "todo misturado", porque abrange três dimensões: a econômica, a social e a cultural. Esse modelo de empreendimento, acredita ele, é o único capaz de substituir a atual matriz econômica de muitas comunidades: o tráfico de drogas. Produzir, vender e ganhar é, em sua concepção, a receita para propiciar ao jovem das comunidades *status*, dinheiro e acessos. "Se ele enxerga claramente essa oportunidade, nem vai cogitar tentar a vida no mundo do crime", raciocina.

Sem meias-palavras, Tergilene protesta contra os bancos, segundo ele, referências da insensibilidade porque insistem em cobrar juros convencionais de mercado até para os projetos de interesse social engendrados para as periferias e as favelas. Seu sonho é fazer com que o empreendedor da favela se desconecte dos mecanismos tradicionais de intermediação, comprando diretamente da indústria, dentro e fora do país. Convém lembrar um trecho de sua apresentação no Fórum das Favelas, realizado no Copacabana Palace, em novembro de 2013:

Nós temos que oferecer o original importado lá dentro de nossos estabelecimentos. Na favela, comprar o original é sinal de *status*. Tenho experiência em shopping popular. A pequena burguesia é que gosta de pirataria. Para o favelado, a aquisição do produto original é que faz a diferença.

Na opinião do empreendedor, parece vergonhoso que algumas marcas queiram simplesmente arrancar o dinheiro que entrou custosamente na favela. Sua receita alternativa é a franquia social. A empresa patrocina a incubação do empreendimento-favela, constitui um franqueado e, depois, eleva-o a sócio da marca. "É uma forma de alavancar negócios na comunidade e fazer com que o dinheiro se multiplique localmente", proclama.

Como recurso de marketing e fonte de negócios, Tergilene quer levar o asfalto para visitar a favela. Sugere o turismo no morro, para que as pessoas possam aproveitar a vista, tomar uma cerveja com gente simpática e experimentar o passo do samba. Segundo ele, são negócios que fortalecem a economia, mas também são eventos de integração que concorrem para derrubar os muros do preconceito.

Hospedagem no morro

Experiência similar já tem dado frutos não longe dali, na comunidade Chapéu Mangueira. Dois microempreendedores individuais apostaram no interesse dos turistas, especialmente estrangeiros, no cotidiano das favelas. O Hostel Favela Inn, em atividade desde o início de 2010, foi formalizado no ano seguinte, com ajuda do Sebrae. A entidade ofereceu cursos de capacitação para a gestora, Cristiane da Silva Oliveira, membro de uma família batalhadora, que iniciou a vida com barracas de alimentação na praia.

O projeto engloba o Chapéu Tour, que promove passeios pela mata em uma área de proteção ambiental. Durante a caminhada, os visitantes conhecem o trabalho de reflorestamento realizado pela Coop Babilônia, admiram a paisagem e são informados sobre as iniciativas de promoção social na comunidade.

Jovens de várias partes do mundo são atraídos para o acolhedor e confortável albergue, em que podem aprender sobre a cultura de solidariedade dos morros cariocas. Alguns mais sortudos logram participar de eventos musicais e gastronômicos na laje do prédio, que oferece uma bela vista da praia de Copacabana.

Na pauta dos gestores, destaca-se a radicalização de práticas sustentáveis na construção de uma economia limpa e solidária. O Favela Inn aproveita a água da chuva e jamais descarta o óleo de cozinha pelo ralo. A decoração é um caso à parte. Luminárias e pufes, por exemplo, descendem de garrafas PET reaproveitadas por artesãos de comunidades próximas. O teto tem o reforço de embalagens Tetra Pak e os tapetes são confeccionados com malotes bancários.

Berço de empreendedores

Em anos recentes, a favela tem se tornado um qualificado laboratório na incubação de novos negócios. Mas, por quê? O morador da comunidade, durante longo tempo obrigado a se virar sozinho, desenvolveu habilidades e vocações para a produção e o comércio. Aprendeu a driblar dificuldades, a lidar com o imponderável e fazer o bom marketing popular.

É o caso da doceira que incumbia os filhos de distribuírem seus bolos, queijadinhas e brigadeiros no asfalto. Agora como microempresária do segmento, finalmente formalizada, seus saberes são fundamentais à gestão eficiente. Pelo preço mais em conta, ela adquire os melhores ingredientes, evita o desperdício na preparação e tem a fórmula para agradar os exigentes paladares da clientela.

Muitos dos pequenos empreendimentos nessa área derivam das ações de fomento dos bancos comunitários, que hoje são mais de cinquenta no Brasil. É o caso do Banco Palmas, fundado em 1998, no Conjunto Palmeira, bairro de 32 mil habitantes, na periferia de Fortaleza, no Ceará. Operando sob o princípio da economia solidária, no campo do microcrédito, a organização estimula a produção e o consumo, gerando trabalho e renda para a comunidade.

Centro tradicional de atividade empreendedora, a Rocinha é outra referência para as comunidades em busca de fórmulas de desenvolvimento. Mais que um bairro, é uma cidade, com escolas, casas de show, academias de ginástica, lojas de *fast-food* e serviços de todos os tipos, que reúne de costureiras a cabeleireiras, de técnicos em computação a dedetizadores. De acordo com o Censo Empresarial de 2010, a Rocinha tinha 130 mil habitantes e aproximadamente 6 mil empreendimentos, a maior parte deles atuando na informalidade. Considerados os moradores que trabalham, a Rocinha é a favela campeã em empreendedores, 10,1% contra 8,5% no Alemão.

Prevalece na Rocinha uma cultura do fazer por conta própria, entre outros motivos, por elevar-se encravada numa região rica da cidade, em que serviços semelhantes no asfalto sempre tiveram preços mais elevados. Ali, portanto, por necessidade e vocação, funcionam alguns dos melhores laboratórios do país em termos de prática empreendedora.

Em 1996, por exemplo, foi fundada a ONG VivaCred, com a instalação de sua primeira agência justamente na Rocinha. A iniciativa surgiu da ONG Viva Rio e de cidadãos comprometidos com a emancipação econômica das favelas. Recebeu apoio do Banco Interamericano de Desenvolvimento (BID) e assistência técnica da consultoria alemã Internationale Projekt Consult (IPC). No ano seguinte, a entidade estabeleceu parcerias com o Banco Fininvest e com o BNDES. Na virada do milênio, já como Organização de Sociedade Civil de Interesse Público (Oscip), firmou convênio com o Sebrae e inaugurou agências em outros bairros cariocas.

O fortalecimento dessas ações de apoio é lento e complexo. Em 2005, essa intervenção ganha o reforço do Banco Popular do Brasil, uma subsidiária do Banco do Brasil, que inaugura uma agência na Rocinha. O posto passa a funcionar com pessoas da própria comunidade, especialmente treinadas para a função. A proposta é atender o público sem acesso ao sistema bancário tradicional, especialmente aqueles sem comprovação de renda, como camelôs, diaristas, motoboys, pedreiros e outros prestadores de serviços.

No final da década de 2000, a iniciativa soma energias com o Banco do Nordeste, que passa a operacionalizar no Rio de Janeiro o Programa Crediamigo, parte do Crescer – Programa Nacional de Microcrédito do Governo Federal, uma das ações do Plano Brasil sem Miséria destinadas a estimular a inclusão produtiva de populações carentes. O Crediamigo se tornaria o maior programa de microcrédito produtivo orientado da América do Sul.

Os produtos financeiros do VivaCred/Crediamigo basicamente auxiliam as populações das comunidades a adquirir matérias-primas, mercadorias e pequenos equipamentos. Todos os projetos de microcrédito na Rocinha, a favela mais empreendedora do Brasil, registram êxito. A aplicação dos valores obtidos normalmente é certeira e a taxa de inadimplência é baixa. O cidadão do morro é considerado pelos bancos um bom pagador.

Se é campo de estudo privilegiado, a Rocinha costuma honrar seu *status* de espaço aberto da reinvenção. Em 2012, como resultado da pacificação da favela, o índice acumulado de inflação na favela foi bem mais alto do que aquele apurado no Rio de Janeiro como um todo. A comunidade se valorizou e encareceu, é verdade. Passou, porém, a oferecer oportunidades para novos *players* locais, capazes de baixar preços por causa de inovações em métodos produtivos, formas de negociação, logística e composição de estoques.

A restrição aos bailes funk, por exemplo, retirou clientes de muitos salões de beleza. A solução foi diversificar os serviços. Quem fazia chapinha passou a oferecer também depilação. Aos poucos, as melhores profissionais venceram a crise e passaram a colecionar também clientes do asfalto, gente moradora de Laranjeiras ou da Gávea. Os diferenciais nesses centros da Rocinha são a qualidade, o calor humano e a boa conversa.

Convém lembrar que nas áreas pacificadas perdeu-se o "investimento" do tráfico. De uma forma ou de outra, ele aumentava o volume de dinheiro circulante nas favelas. Os membros das organizações compravam no comércio local, patrocinavam eventos na área de entretenimento e, muitas vezes, ainda praticavam algum assistencialismo, auxiliando a mãe desesperada a comprar um antibiótico para o filho ou pagando um táxi para que o idoso pudesse se deslocar até o hospital.

Sem o comércio das drogas, o Estado tem sido desafiado a substituir esse poderoso motor econômico local. O Sebrae tem sido ator importante nesse processo de reengenharia de negócios. Em anos recentes, estipulou como missões buscar a integração produtiva com o resto da cidade, reduzir a informalidade (em cerca de 90% das atividades), buscar soluções de sustentabilidade para as iniciativas e criar ocupações para cerca de 30% dos jovens de favelas, que não estudam nem trabalham.

Um estudo do Sebrae levado a cabo em dezoito comunidades exibe o perfil médio do empreendedor.[12] Ele é mulher, tem mais de 40 anos e pouca intimidade com a internet. Uma das tarefas urgentes dos técnicos da entidade é gerar soluções de aprendizado para que esses construtores de negócios utilizem as ferramentas digitais de comunicação. Somente em 2012, mais de 8 mil empreendedores receberam algum tipo de orientação do Sebrae.

Para quem sabe onde fica

Excelente exemplo na Rocinha é aquele do Carteiro Amigo, serviço alternativo de entrega de correspondências que, desde outubro de 2000, complementa a operação convencional do sistema dos Correios. Afinal, no emaranhado da favela, há lugares de difícil acesso, como vielas e becos, desprovidos de nomes e números. Os empreendedores perceberam a oportunidade quando atuaram como recenseadores

---

[12] Disponível em: http://g1.globo.com/globo-news/noticia/2013/03/empreendedores-de-comunidades-pacificadas-apostam-na-criatividade.html. Acesso em: 17/4/2014.

oficiais na virada do século. No decorrer de uma década, mapearam e cadastraram 12 mil endereços na favela.

A atuação do Sebrae, cujos consultores passaram quatro meses na empresa, foi fundamental para consolidar, organizar e expandir o negócio, que se tornou uma microfranquia de sucesso. No início de 2014, já operava em nove comunidades cariocas, com 20 mil clientes. Na matriz da Rocinha, o empreendimento tem sete funcionários; nas franqueadas, de dois a três.

Empreendimento de vanguarda, o Carteiro Amigo criou condições para que os moradores de favelas efetuassem compras pela internet, pagando mais barato por produtos como aparelhos eletrônicos, DVDs, CDs, livros e tênis. A empresa também ganha com o cliente corporativo. Seu cadastro exclusivo permite que ofertas direcionadas cheguem rapidamente aos moradores das comunidades.

Luiz Barreto, presidente do Sebrae Nacional, celebra a multiplicação de oportunidades nas favelas. Para efetuar essa avaliação, ele se mune de dados da pesquisa encomendada pela entidade ao Data Favela. Dos 11,7 milhões de brasileiros que vivem nas comunidades, cerca de 20% sustentam-se do que apuram em pequenos negócios. Nesse grupo, 64% consideram que estão indo bem ou muito bem na atividade. Para 30%, os negócios seguem um padrão de estabilidade. Nove em cada dez empreendedores esperavam, no início de 2014, manter ou expandir suas atividades nos doze meses seguintes.

No fórum Nova Favela Brasileira, realizado em novembro de 2013, no Copacabana Palace, Barreto destacou que a inclusão recente de 40 milhões de pessoas na classe média estimula o consumo e abre novas oportunidades para aqueles que surfam na onda da ascensão econômica. Até setembro de 2013, o Sebrae atendeu nos territórios pacificados do Rio cerca de 3 mil donos de negócios, patrocinando mais de mil formalizações de empreendimentos.

Ele costuma lembrar que as iniciativas nas favelas foram estimuladas pela criação da figura do Microempreendedor Individual (MEI), em 2009, que incentivou a formalização de quase 4 milhões de pessoas no país. Esses profissionais, que atuam por conta própria, registram faturamento bruto anual de até 60 mil reais e arcam com tributos mensais inferiores a 40 reais.

"Quando pode emitir nota fiscal, o empresário tem acesso a mais oportunidades no mercado, ao passo que o poder público ganha em arrecadação", repete em suas palestras. Segundo projeção do Sebrae, os MEIs serão a principal modalidade de negócio a partir de 2014. Barreto vê esse crescimento acompanhado de qualificação. Em 2003, metade das empresas baixava as portas antes de completar dois anos. Dez anos depois, de cada grupo de cem novas empresas, 76 superavam esse período crítico inicial.

De acordo com Barreto, é importante saber que a maior parte dos entrevistados gosta da favela e nela pretende permanecer. Esses dados, segundo ele, atestam que esses novos empreendedores aspiram crescer com suas comunidades, a partir de relações de cooperação. "Esse caminho deve levar à melhoria da qualidade de vida nas favelas, mas deve ser encarado com um modelo que está beneficiando toda a sociedade brasileira", analisa.

Rito de iniciação sobre asas

Fora das comunidades, a nova economia de viés popular também impacta a vida nas favelas. É o caso da Vai Voando, empresa que aproveita o processo de inclusão econômica para constituir nova clientela no setor de transporte aéreo. A agência atua principalmente em periferias e favelas, credenciando pequenos varejistas locais como parceiros operadores. Sua vantagem é possibilitar a compra pré-paga de passagens, sem os custos financeiros e as exigências burocráticas de uma transação convencional. Ali, o interessado não precisa comprovar renda, apresentar fiador ou exibir ficha limpa nos serviços de proteção ao crédito.

Em tempo recente, a empresa inovou ao perceber que a maioria das passagens era vendida por meio de cartão de crédito. Muitos cidadãos, no entanto, ainda que dispusessem do valor para adquirir os bilhetes, não dispunham do "dinheiro de plástico" e, muitas vezes, nem mesmo tinham conta-corrente. Para oferecer uma solução, a Vai Voando desenvolveu um pré-pagamento com carnê.

A empresa constituiu, efetivamente, uma atividade lucrativa. Ao mesmo tempo, no entanto, promoveu uma revolução no mercado dos deslocamentos e quebrou pesadas barreiras sociais. Muitos cidadãos humildes, ao embarcar pela primeira vez num jato, cumprem um ritual de iniciação, inserindo-se simbolicamente na sociedade de consumo.

Depois de pouco mais de um ano de operação, a empresa negociava 3 mil passagens por mês. Planeja, porém, negociar mil por dia em 2016. Uma pesquisa do Data Popular, realizada no segundo trimestre de 2013, atestava o fortalecimento desse mercado. Cerca de 6,5 milhões de brasileiros planejavam uma viagem ao exterior até agosto de 2014, sonho que seria concretizado por 60% desses postulantes. Entre os interessados nesse produto luxuoso, 48% eram negros, 77% não tinham curso superior e 54% pertenciam às classes baixa e média.

O caso da Vai Voando produz particular interesse no campo das novas interações econômicas. Hoje, milhares de turistas rompem paradigmas e incluem as comunidades em seus roteiros de passeios e explorações de natureza cultural. Na mão contrária, cada vez mais, os habitantes de favelas se habilitam a conhecer o país e o mundo. A combinação é feliz.

Desafios na gestão da casa

Nessa parceria de reciprocidade nos aprendizados, percebemos que a injustiça social e a brutal desigualdade econômica não se devem somente aos equívocos e às omissões nas políticas públicas, vícios constantes na gestão do Estado brasileiro desde os tempos da colônia. Há, na raiz do sofrimento de largos contingentes da população, o reflexo de modelos de negócio com base na exploração, na restrição e na exclusão, padrões de conduta seguidos pelas oligarquias rurais e, depois, pelas elites industriais e comerciais.

Hoje, felizmente, abrem-se brechas no céu carrancudo do egoísmo. Pensa-se, aqui e ali, na viabilidade de projetos inspirados na chamada "economia social", em que o sucesso depende de desenvolvimento integrado. É quando ganha o empreendedor, ganha o colaborador, ganha a comunidade, ganha o meio ambiente. Mais do que isso, a economia social é professora. Ela elege novos valores e altera costumes. Mesmo num país capitalista, ela constitui laços de cooperação e inspira atos de generosidade.

Se o empresariado desbravador mira a classe G, de "gente", convém que os planejadores corporativos atentem para as demandas do setor F, aquele que abriga o povo batalhador e emergente das favelas. Viver essa experiência de aprimoramento, no âmbito pessoal e das corporações, exige uma desconexão tática das antenas ideológicas do preconceito. Esse salto civilizatório depende de mãos corajosas para mover o botão, reposicionar o dial e eleger uma nova estação comunicadora.

O melhor *debut* convoca os pés à ação. É preciso subir o morro, entender no passo seus terrenos complexos, palmilhar seus caminhos sinuosos, identificar em sua geografia trançada os desafios do povo. Os jovens empreendedores, em especial, recolherão dividendos de aventuras dessa natureza. Se imersos na realidade do setor F, serão capazes de executar essa projeção no outro, vão se habilitar a aprender dialeticamente com aqueles que o senso comum rotula como diferentes ou perigosos.

Hoje, a favela pulsa economicamente, mas precisa ser decifrada. Ela não pode ser encarada como a terra do Eldorado, a ser vasculhada, explorada, despojada metodicamente de seus recursos. Precisa, pois, ser respeitada, ouvida e figurar como parceira protagonista no teatro dos negócios.

Para atingir esse objetivo, a favela deve ser refavela, reinventar-se, reeducar-se e reprogramar-se. Se não souber cogerir o processo de transformação, vai preservar o desequilíbrio e o descompasso, entregando nas mãos de outros a construção de seu futuro.

Quando da produção deste livro, a mãe gentil era a sexta economia do mundo, mas mantinha no isolamento e na marginalidade muitos de seus filhos. A nação, sem dúvida, incluiu, mas não soube conscientizar muitos de seus gestores públicos e muitos dos CEOs das grandes corporações. Gente poderosa no país ainda considera a favela apenas como um problema, quando deveria enxergá-la também como o lar de muita gente e uma fonte de oportunidades.

Da parte do governo, convém que se constituam incentivos para que os empresários busquem compartilhar oportunidades nas favelas. Não seria má ideia a implantação de zonas francas nessas áreas, de modo que impulsionem novos negócios inclusivos. Políticas afirmativas dependem dessa coragem para indenizar aqueles que, por séculos, estiveram "fora da casa-grande". No que toca às instituições financeiras, públicas ou privadas, é fundamental que se descolem dos postulados da operação rotineira. Não se pode praticar ali, na ladeira das dificuldades, a mesma taxa de juros aplicada aos negócios convencionais do asfalto. São realidades diferentes. Cada qual precisa ser examinada em suas singularidades.

Ao mesmo tempo, as entidades de cunho popular não podem se converter em meros balcões de projetos. Quando realmente transformadoras, precisam criar autonomias e multiplicar saberes. Jamais podem instituir relações de dependência e ceder à tentação de estabelecer vínculos clientelistas com o povo das favelas. No que tange aos líderes locais, urge que larguem o ego no freezer quando saírem de casa para lidar com os assuntos coletivos.

Cabe lembrar o primeiro grande show que o povo da favela realizou em seu território. Foi na Cidade de Deus, em 2000, em uma noite de Natal, em um encontro memorável de astros como Caetano Veloso, Djavan, Dudu Nobre e a turma do Cidade Negra. Na ocasião, parte da mídia fez do evento um lamentável caso de polícia. Para outra parte da sociedade, no entanto, a festa foi um marco na exibição de competências e na conquista de direitos. A favela também podia realizar grandes eventos culturais.

Outro caso emblemático foi aquele associado ao projeto *Falcão – Meninos do tráfico*, citado neste capítulo. Ainda que premiado dentro e fora do país, seus autores foram processados, acusados de associação ao tráfico e apologia ao crime. Faz sentido?

Nessas situações, elegeu-se uma palavra como lema: *resistência*. Suportou-se o ódio com resignação, dignidade e elegância. Por causa justamente dessas experiências, os movimentos de origem popular foram capazes de desenvolver *expertise* na mediação de conflitos. A Cufa, em parceria com o Ministério da Justiça, educou guardas municipais para que dialogassem com os jovens das favelas.

Esses processos de vivência e comunicação ativa são fundamentais à construção de conciliações nos centros urbanos. Por meio desse resgate do respeito, a favela pode dialogar com o asfalto em pé de igualdade. O grande equívoco de muitos projetos e empreendimentos dirigidos às comunidades tem sido desconsiderar os inúmeros acordos que obrigatoriamente precedem a assinatura de um contrato de negócios.

A favela é, por natureza, mais coletiva e cada um de seus habitantes representa um conjunto complexo de vontades, aspirações, ressentimentos, rancores, amores e sonhos. Negociar com um favelado equivale, em muitos casos, a negociar com todos. Esse é o grande desafio oferecido pelo setor F, um enigma até para quem nasceu e sempre viveu nas comunidades.

Se prestamos atenção à etimologia, a palavra *economia* origina-se na combinação de dois termos gregos: *oikos* (que significa casa ou lar) e *nomos* (Que significa gerir, administrar). Em livre tradução, tem como significado a "administração da casa". Ora, pensar a economia, portanto, equivale a pensar as relações entre as pessoas que partilham um espaço, um lugar de morar e existir. Se pensamos estritamente na produção, na circulação e no consumo de mercadorias, bem como nos parâmetros contábeis das atividades, desconsideramos pecaminosamente seu caráter social.

O melhor acordo econômico deve evoluir sobre os alicerces da vida civilizada, premiando os esforços de quem, com generosidade, procura atender às necessidades dos diferentes moradores da casa. A economia, de verdade, faz-se a partir de tramas que promovem benefício compartilhado e felicidade somada. Quando o ganho é unilateral, trata-se de simples e perversa exploração. E toda exploração, no curto ou no longo prazo, conduz ao conflito e à dor. O setor F espera, pois, a economia da cortesia, do entendimento, do esforço honesto pela redação de um novo e justo contrato social.

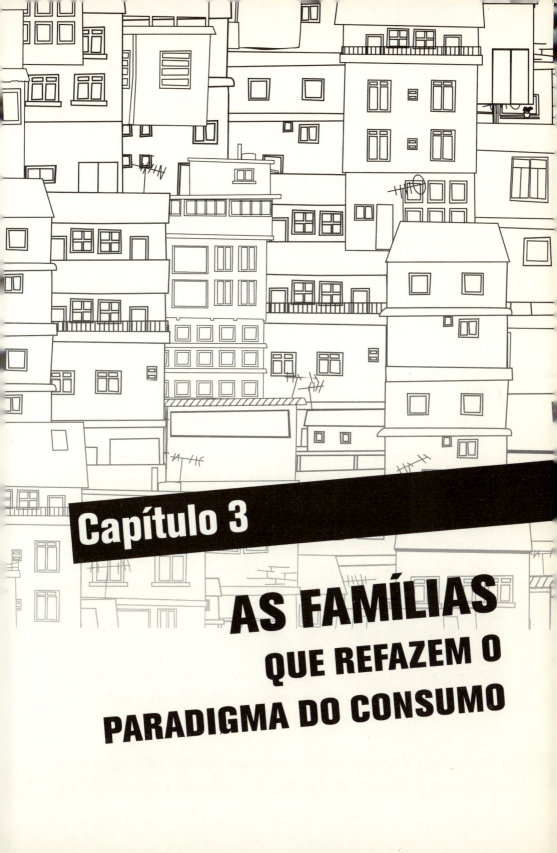

Capítulo 3

AS FAMÍLIAS
QUE REFAZEM O PARADIGMA DO CONSUMO

Os personagens invisíveis da favela têm nome, pensam, consomem e ajudam a girar a roda da economia. A pesquisa inédita do Data Favela, realizada em 2013, desvelou saberes em 63 comunidades brasileiras. Cabe ouvir um tantinho do que essas pessoas têm a ensinar.

Maria presta atenção ao preço dos produtos, mas é capaz de desenvolver um complexo raciocínio para determinar a relação entre custo e benefício. Frequentemente, ela prefere o item mais caro, desde que dure mais e que entregue efetivamente os resultados prometidos.

Neide subiu na escala social. Agora é secretária. Ganha mais e consome mais. No entanto, manteve presente na vida os rituais gregários da vida na favela. Ela adora o churrasco na laje. Quando compra, busca comodidade, praticidade e prazer. Quer reforçar sua identidade. Não compra para mudar seu jeito de ser.

Altair é jovem. Gastou um salário inteiro em roupas. Acredita que o "visual" abre portas. É negro altivo e boa-pinta, mas nota o preconceito no asfalto. Por isso, cuida dos cabelos, usa o melhor desodorante, preza a camisa bem lavada e mantém os sapatos brilhando.

Anacleto presta atenção aos comerciais de TV, mas define ações de compra com base em aconselhamentos de parentes e amigos. Se não tem dinheiro sobrando, espera que outros testem os produtos que deseja adquirir.

Convém lembrar: homens e mulheres da favela exigem investimentos certeiros. Desses consumidores em trânsito de ascensão, 36% costumam pedir dicas para os amigos e 78% declaram confiar nas orientações de compra feitas por amigos e parentes. A melhor propaganda nas comunidades se faz espontaneamente, no boca a boca.

Afinal, qual o proveito de conhecer esses hábitos de consumo? Uma estudante de Administração de Empresas responde: "quem não aprender, vai sofrer". Enquanto aguardava o trem, na estação Bonsucesso/TIM, emitia sua opinião sobre as marcas que hoje procuram clientes na favela. "Somos muitos e estamos definindo novos padrões para o consumo no Brasil", avisava a jovem, desde sempre moradora do Complexo do Alemão.

Em 2013, o consumo das famílias cresceu pelo décimo ano seguido. Nesse cenário ainda favorável, a pesquisa do Data Favela atestou que a favela tem mais disposição para efetuar compras do que o resto do Brasil. Proporcionalmente, há mais integrantes da classe C na favela, 65% do total, do que na população em geral, cuja fatia desse estrato é de 54%.

Se há um fator que define essas famílias é o ingresso relativamente recente no mercado de consumo. Nos últimos dez anos, muitas delas adquiriram o primeiro computador, o primeiro automóvel e o primeiro freezer. Não raro, pela primeira vez, conseguiram matricular um filho em curso universitário.

Se a proposta é desvendar os enigmas do *boom* de consumo nas favelas, parece-nos necessária uma análise sucinta acerca dos mecanismos de ascensão social e econômica dessas populações. Certamente, ganharam com os programas governamentais de redistribuição de renda. No entanto, foram beneficiadas ainda mais com a multiplicação de empregos nos dez anos que precedem o estudo.

A nova favela brasileira, radiografada pelos pesquisadores do Data Favela, é majoritariamente jovem e negra. Nela, as afro-brasileiras figuram muitas vezes como protagonistas e contribuem para definir padrões de conduta na família. Elas chefiam quase 40% dos lares. Em metade deles (20% do total), criam sozinhas um ou mais herdeiros. Em muitos casos, foram abandonadas pelo companheiro. Em outros, resolveram seguir a vida por conta própria, depois de sofrerem com a infidelidade ou com a incapacidade do cônjuge de garantir a provisão doméstica. Não é raro, no entanto, encontrar-se a viúva, aquela cujo parceiro caiu vítima da violência urbana.

Se perscrutamos a família da favela, vemos ali, com frequência, uma mãe dedicada e carinhosa, mas que se integrou ao mercado de trabalho. Ela assumiu responsabilidades e precisou munir-se de uma série de conhecimentos adicionais para gerir seu grupo. Frequentemente, apresenta-se como boa arrumadeira, enfermeira, cozinheira e psicóloga. Multidisciplinar, surpreende ainda como competente contadora, diligente gestora e especialista em consumo. Ela sabe bem o que é caro, e quais coisas caras têm lugar garantido na lista de compras. Compara preço e qualidade, e logo descobre com quem reclamar quando encontra falhas em produtos e serviços. Já decorou seus direitos e lutará tenazmente para que prevaleçam. É insistente, implacável com os funcionários dos

Serviços de Atendimento ao Consumidor e, pelo exemplo, constrói essa consciência reclamante nos filhos.

Nestes anos de trabalho com o Data Popular, topamos com muitas mães zelosas que movem mundos e fundos para obter os melhores produtos para seus filhos, especialmente nas áreas de alimentação, higiene pessoal e medicamentos. Segundo esse raciocínio, vale adiar o passeio dominical e, com o recurso poupado, adquirir aquele ótimo xampu que hidrata, restaura e perfuma. Afinal, segundo esse pensamento, o importante é que o menino se apresente asseado, belo e cheiroso na escola. Tarefa prioritária: evitar a todo custo o *bullying* e a rejeição nos ambientes de trocas sociais.

Cíntia Lopes vivia na comunidade do Turano, no Rio de Janeiro, durante a produção da pesquisa *Radiografia das Favelas Brasileiras*. Aos 28 anos, planejava meticulosamente como gastar seu dinheiro, recorrendo sempre aos pagamentos a prazo. "A minha vida existe em doze vezes sem juros", resumia. Em sua pauta de consumidora, a comparação de preços era fundamental. "Minha mãe e eu chegamos cedo e saímos tarde dos lugares onde compramos", contava. "Já chegamos aos Supermercados Guanabara às 10 horas da manhã e saímos com os funcionários, quando baixavam as portas."

Em certo momento, Cíntia acumulou quatro cartões de crédito. Um dia, considerou que arcava com gastos excessivos e que necessitava realizar cálculos complexos para efetuar os pagamentos. Depois de longa reflexão, desistiu do sistema. Preferiu usar apenas um deles e obter cartões específicos das lojas nas quais mais consumia.

Nessa época, segundo semestre de 2013, apenas 27% dos moradores de favelas tinham dívidas de financiamento, compra a prazo, consórcio ou empréstimo. Ainda assim, 2,9 milhões de pessoas carregavam na carteira pelo menos um cartão de crédito próprio, grupo equivalente a 35% do total. No Brasil como um todo, essa fatia era de 49%. Um dado importante saltava aos olhos dos analistas econômicos. Mais da metade dos titulares de cartão de crédito, 55%, já o tinham emprestado, ou seja, realizado compras para parentes, amigos ou conhecidos. O consumo, portanto, muitas vezes dependia do binômio crédito-solidariedade.

Na opinião de Enderson Araújo, comunicador e empreendedor social, da comunidade Cajazeiras XI, em Salvador, na Bahia, o crédito facilitado, de fato, figurava como principal fator de estímulo ao consumo. Segundo ele, um aparelho de som, por exemplo, mesmo que custasse mil reais, podia ser adquirido em doze prestações. "Se pode dividir tudo em parcelas, a galera da periferia é aquela que mais consome", relatava. "Compram piso para botar na casa, sofá confortável, TV de plasma também bacana, som megapotente e carro."

Enderson ensinava que a receita do bom consumo precisava contemplar as necessidades e os interesses particulares de cada cidadão. No caso dele, por exemplo, o importante era um calçado bonito e de qualidade. Quando embolsou o fruto financeiro de um trabalho, não hesitou em empenhá-lo na compra de um tênis de marca. "Eu quero usar um desses no pé, calçar coisa boa; é nisso que vou gastar as minhas economias", justificava-se.

Cabe aqui lembrar que somente 22% dos moradores de favelas costumam comprar calçados na comunidade. Para 40%, o costume é adquiri-los em um bairro próximo. Outros 35% deslocam-se a um bairro distante para buscar o modelo desejado. Não é muito diferente no que se refere a roupas: 25% as adquirem na favela; 40%, num bairro próximo; 34%, em um bairro distante. Os produtos de grife, cada vez mais valorizados, estão num shopping ou no comércio dos bairros habitados pelas elites.

Outro baiano, Hildemário Cardoso Amarante, de 65 anos, vivia no Solar do Unhão, também em Salvador. Sua maior satisfação era ocupar uma casa com vista para o mar. Esse benefício, segundo ele, constituía um tipo especial de consumo, que não exigia pagamento.

Para Hildemário, convinha gastar seus proventos em comida nutritiva e saborosa, capaz de lhe garantir boa saúde. Saía ao mercado para comprar vísceras de boi e mocotó, por exemplo, cuja falta à mesa não tolerava. Gabava-se de complementar sua dieta com peixe fresco, obtido logo depois que os barcos atracavam nas proximidades de sua residência. "O pessoal pesca e já leva para vender em outro lugar", relatava. "Mas, para mim, eles sempre facilitam; então, sai mais barato."

Na época da pesquisa do Data Favela, 89% dos consultados haviam comprado em mercado, mercearia ou padaria nos últimos trinta dias, 90% deles na comunidade.

Longe dali, em Santa Tereza, em Porto Alegre (RS), outro brasileiro de 65 anos, Claudio Amorim, não tinha vista para o mar. O que via, com frequência, era a polícia promovendo batidas na comunidade, sempre à procura de consumidores de drogas.

Como bom gaúcho, Claudio considerava que o fundamental era adquirir boa carne para seu churrasco de fim de semana. Citava outras duas prioridades: ter na cuia o chimarrão preferido e na geladeira sua cerveja predileta. "Isso não pode faltar, é minha prioridade", afirmava. "O resto aí é com a 'nega veia', porque é ela que faz as compras."

Em São Paulo, na comunidade de Paraisópolis, encravada na rica Zona Sul da cidade, vivia Maria Lúcia Moreira, na época com 42 anos, que se declarava cuidadora de idosos. Ao mesmo tempo, comercializava uma série de produtos, especialmente lingerie para mulheres interessadas em oferecer agrados românticos a seus parceiros.

Como vendedora, mostrava-se uma especialista em consumo. "Elas procuram novidade, mas são exigentes e não abrem mão da qualidade", explicava. "Eu só trabalho com peças que sejam bonitas e duráveis." De acordo com Maria Lúcia, as clientes satisfeitas voltavam sempre e se tornavam freguesas.

O grau de acesso a produtos variados, especialmente aqueles com marcas reconhecidas, determina o próprio *status* da favela. São consideradas mais desenvolvidas aquelas em que há pontos de comércio empenhados na distribuição dessas mercadorias. Durante a coleta de material para a pesquisa, uma mulher trabalhadora resumiu o pensamento dominante: "Aqui não tem nada. Se a gente precisa de algo, tem que sair. Mas acho que se tivesse venderia bem. Por exemplo, tem um caminhão que toda terça traz legumes, frutas e verduras. Se a gente não correr acaba em um instante".

Uma visita atenta aos lares das favelas exibe mudanças que podem surpreender o observador acostumado aos estereótipos desses lugares. Durante o trabalho de pesquisa, encontramos lares com televisão de tela fina, TV por assinatura, *videogames* como o celebrado Playstation (Sony), freezer, máquina de lavar, computador e *smartphone*. Admirados, confirmamos que alguns deles dispunham de todo esse conjunto de bens.

Nos grupos avaliados, 13% tinham motocicleta; 20%, automóvel; 28%, TV por assinatura, mesma média do país como um todo; 55%, forno de micro-ondas, mais do que no Brasil em geral, cuja média é de 35%; e 69%, máquina de lavar, porcentagem maior que a apontada pela Pesquisa Nacional por Amostra de Domicílios (PNAD), de 49%.

Os multiconectados

Nas favelas, as pessoas integram-se cada vez mais ao mundo das novas tecnologias de informação. Agregam-se porque precisam aprender e trabalhar. O sistema de busca Google, por exemplo, é acessado por quem precisa realizar uma tarefa escolar ou se preparar para um concurso público. Pelo computador ou pelo celular, os trabalhadores autônomos podem receber recados e encomendas de seus clientes. Os desconectados perdem mercado rapidamente.

No fim de 2013, 50% dos domicílios de favelas contavam com conexão à internet. A maioria se ligava de casa à rede, e não mais das *lan houses*, que vão se extinguindo aos poucos. Na época, 85% carregavam no bolso ou na bolsa um aparelho de telefone celular. Destes, 22% eram *smartphones*.

Pelo menos 35% tinham incluído ao menos um chip adicional no dispositivo móvel, a fim de economizar nas ligações. Amigos e parentes, assim, ganharam sobrenomes de operadoras de telefonia. O cunhado virou Jorge "Oi", enquanto o capitão do time de futebol se converteu em Adílson "Vivo".

Nas favelas, 52% das pessoas podiam ser classificadas como internautas. No entanto, entre os jovens de 16 a 29 anos, essa taxa subia a 78%, a mesma registrada nesse nicho no asfalto. Dos conectados, 41% tinham acesso à rede pelo celular. Entre os jovens de 16 a 29 anos, metade já dispunha desse recurso.

Consultados, os jovens foram claros em suas respostas. A internet é fundamental para quem pretende estudar, para quem quer se divertir e também para aqueles que buscam uma vaga de emprego.

No entanto, outros usos já eram comuns desde a virada da década. No fim de 2010, por exemplo, três jovens moradores do Morro do Adeus se tornaram celebridades ao realizar, pela rede social twitter, uma cobertura em tempo real do cerco e da invasão da polícia ao Complexo do Alemão. René Silva, na época com 17 anos, liderou a equipe do jornal *Voz da Comunidade*, composta por mais dois jovens.

De um dia para o outro, o twitter do informativo local passou de 180 seguidores para mais de 20 mil. A expressão *#voz da comunidade* alcançou o Trending Topics Brasil, lista de tópicos mais tuitados no país.

A inclusão digital vai mais além. Se alguém considerava que o Orkut era, por excelência, o reduto dos "pobres", a pesquisa mostrou uma ampliação do território popular nas redes sociais. No fim de 2013, 85% dos internautas das favelas já tinham conta no Facebook.

No entanto, se a internet de banda larga ainda é relativamente cara, como se mantinha essa ampla malha de conexões?

Na favela, 25% dos moradores afirmam conhecer alguém que compartilha o sinal, prática considerada legal no país. Nas comunidades, existe um tipo de "vaquinha" para pagar a conta do Wi-Fi. É solidariedade, mas também é pragmatismo, é organização popular autônoma, é o jeitinho brasileiro em sua mais criativa versão.

A agenda da compra futura

No anoitecer do tumultuado 2013, mesmo com o baque de confiança gerado pelos distúrbios de junho, milhões de brasileiros das favelas faziam planos de consumo para o ano seguinte. Havia 1,7 milhão de habitantes de favelas planejando a compra de um *notebook* nos doze meses seguintes. Eram 1,2 milhão aqueles que, nesse período, buscariam adquirir um *tablet*. Nos dois casos, a proporção de interessados era maior do que a apurada no Brasil como um todo.

No total, 2,1 milhões de pessoas faziam planos para equipar a sala ou o quarto com uma TV de plasma, LCD ou LED. Isso correspondia a 26% dos consultados nas comunidades. No caso do Brasil, essa fatia era de 20% dos consumidores.

Ainda nas favelas, 1,1 milhão de pessoas tinham intenção de comprar uma geladeira nos doze meses seguintes. Grupo de mesma grandeza aspirava adquirir, no mesmo período, uma máquina de lavar.

Em ambos os casos, coincidiam os números colhidos nas favelas e os apurados no Brasil como um todo. No caso da compra da geladeira, figurava como objetivo de 14% dos moradores de comunidades, contra 13% do Brasil em geral. No caso da máquina de lavar, desenhava-se como sonho de 14% dos habitantes de favelas, contra 15% do país como um todo.

Imóveis e veículos pontificavam como os itens de consumo mais valorizados para a maior parte dos moradores de favelas. No total, 1,1 milhão manifestaram intenção de comprar uma casa ou um apartamento nos doze meses seguintes. Esse grupo representava 15% do contingente de habitantes das comunidades. No Brasil como um todo, a parcela de interessados nesse tipo de aquisição era de 16%.

No que se refere ao automóvel, a compra possível nesse período vindouro foi citada por 1,2 milhão de pessoas, 14% do total. Entre os brasileiros de modo geral, essa era a ambição de 17%. No caso das motocicletas, estimou-se em 780 mil a quantidade de interessados na compra, considerados também os doze meses seguintes. Compunham uma fatia de 10% do total de habitantes de favelas com idade para guiar veículos. No caso do Brasil como um todo, essa parcela era de 8%.

Se os moradores das favelas desejam nelas permanecer, é certo que gostariam, eventualmente, de tomar novos ares e conhecer diferentes paisagens. Em 2013, 16% já tinham viajado de avião, 2,4 milhões tinham intenção de voar no ano seguinte. Desses, 730 mil pensavam pousar no estrangeiro. Se consideramos o chamado Brasil urbano, os viajantes potenciais dentro do território nacional somam 15% da população. Na favela, são 20%. Se tratamos, em proporção, dos que desejavam sair do país, calculamos 6% dos habitantes do Brasil urbano, contra 9% dos moradores de favelas.

O lugar e a motivação

A pesquisa do Data Favela apurou que as compras do dia a dia são quase sempre realizadas nas comunidades. Para a aquisição de produtos mais caros, como eletrodomésticos e eletrônicos, a maior parte dos moradores recorre ao comércio do asfalto. Segundo a pesquisa, 34% compram eletrônicos fora da favela, em um bairro próximo. Outros 41% o fazem em um bairro distante.

Apenas 4% conhecem alguma empresa que auxilie a comunidade. No entanto, 51% dariam prioridade a companhias que tivessem esse tipo de preocupação, patrocinando eventos ou contribuindo com obras sociais locais. Do total, 6% comprariam nesses estabelecimentos, mesmo que os produtos desejados custassem mais caro. Para 45%, essa preferência seria manifestada se o preço ao menos coincidisse com o praticado por eventual concorrente.

Entre os sonhos de consumo da favela, destacou-se a festa em bufê, considerada uma forma eficaz de propagandear o progresso da família e o valor dado aos filhos. Na época do estudo, 814 mil pessoas tinham intenção de promover um evento desse tipo nos doze meses seguintes.

Confiança e dissonância

Para quem pretende fazer negócios nas favelas, a ordem é largar mão do preconceito, reconhecer padrões e assimilar culturas. Se o dinheiro ali é curto, a receita de consumo inclui critério e cuidado. O cidadão local não desperdiça dinheiro e valoriza qualquer iniciativa que busque oferecer soluções a suas demandas.

Se há eficiência, durabilidade e proveito, ele efetua a compra, mesmo que tenha de desembolsar mais pelo produto ou serviço. Na favela, o melhor vendedor é aquele que funciona como consultor. Trata-se da pessoa íntegra, de confiança, que se expressa com clareza e oferece o melhor produto pelo menor preço possível. Esse profissional conhece a vida de seu cliente e suas necessidades. O que sugere é sempre uma solução sob medida.

O habitante da favela valoriza o reconhecimento e o carinho. Para além das formalidades próprias do jogo de trocas econômicas, ele preza a orientação no pós-venda e o empreendedor capaz de constituir amizades autênticas e generosas.

O novo consumidor das comunidades também está atento ao marketing e à publicidade. Procura saber se as marcas realmente contemplam sua existência e se respeitam sua cultura. No geral, acredita que não é contemplado pelas peças midiáticas, especialmente nas propagandas comerciais.

Um bom exemplo desse ruído na produção da imagem tem relação com o retrato físico do morador da favela. No caso das mulheres, 40% dizem ter cabelos lisos, enquanto 59% declaram tê-los crespos. Apenas 24% julgam ter olhos claros, enquanto 76% declaram tê-los escuros. Poucas, no entanto, consideram ter suas características representadas pelas modelos exibidas nas propagandas. Reclamam de impropriedades, de desenhos imperfeitos, de signos de comunicação distantes do linguajar das comunidades.

Segundo a pesquisa, 52% das mulheres são brancas, enquanto 45% são negras. No entanto, apenas 12% das moradoras de favelas notam a presença de mulheres negras nas propagandas de TV.

Se ainda prevalece a dissonância, a Procter & Gamble (P&G) investe de modo pioneiro nesse trabalho de aproximação solidária com o povo da favela. "O objetivo de nossa empresa é melhorar a vida das pessoas, mas só podemos cumprir essa missão sabendo quem são elas, onde estão, como vivem e quais são seus anseios", determina Gabriela Onofre, diretora de comunicação da empresa.

De acordo com a executiva, conhecer essa realidade permite produzir e distribuir produtos capazes de impactar positivamente a vida das comunidades. "A Oral-B, por exemplo, movimenta um caminhão odontológico que percorre as comunidades e pode contribuir para melhorar a saúde bucal das pessoas", declara. "E a nossa Gillette, se puder ajudar num barbear caprichado, vai elevar a autoestima das pessoas."

Até pouco tempo, a empresa comunicava-se diretamente com 5 bilhões de consumidores no mundo inteiro, mas não era capaz de encetar diálogos profícuos com os moradores de favelas brasileiras. Esse contato começou a ser realizado com a mediação da Cufa, no fim da década de 2000, e se aprofundou por meio da parceria com o Instituto Data Popular.

Gabriela considera que o mais importante é retirar da invisibilidade as pessoas da favela. De acordo com a executiva, esse processo de interação não precisa ser constituído de relações puramente mercadológicas, nas quais prevalece o toma lá dá cá. Por isso, a empresa apoiou, por exemplo, a Taça das Favelas, uma grande peneira com 24 mil jovens destinada a revelar craques para o futebol profissional. "O jogador Kaká e o apresentador televisivo Luciano Huck engajaram-se nesse projeto", conta. "Assim, pudemos conhecer melhor essa população, seus sonhos e seus desafios."

Com esse objetivo, promoveu-se, em 2012, o concurso Top Cufa Brasil, a fim de eleger a mais bela garota das comunidades do país. Foi patrocinado pela Pantene, uma das marcas da empresa, com participação da modelo Gisele Bündchen. A final foi exibida para todo o país pelo programa televisivo global *Caldeirão do Huck*. Segundo os organizadores, o objetivo foi apresentar ao mundo da moda a beleza diversificada que existe nas favelas.

Afinal, se cresce a diversidade no mercado consumidor de vestuário e cosmética, por que não constituir novas oportunidades às representantes dos emergentes no mundo do marketing e da propaganda?

A P&G toca também um projeto piloto de empreendedorismo popular, fornecendo treinamento para que o morador da favela possa vender produtos da marca em áreas distantes dos pontos convencionais de comércio. A meta é formar profissionais diferenciados que atuem como consultores de venda. É assim, por meio de mediações negociadas, que a empresa conquista mercados e, ao mesmo tempo, gera ocupação e renda para os habitantes das comunidades.

O complexo universo das aspirações

Se tratamos de consumo futuro, é a diversidade que marca os planos e os sonhos dos brasileiros das favelas. Mesmo que assentemos nossos projetos sobre as bases sólidas e confiáveis da pesquisa de campo, ainda é necessário que apuremos a audição, que consideremos cada consumidor em sua formidável singularidade. Alguns dos personagens deste capítulo oferecem pistas a quem quiser apostar nessas oportunidades de negócio.

Caso tivesse uma sobra no caixa familiar, o gaúcho Claudio Amorim, por exemplo, visitaria o Rio de Janeiro. Hildemário pensava no básico. Compraria uma perna nova, uma prótese mais moderna. Também encomendaria um veículo motorizado de três rodas para facilitar sua ida até o banco e seus passeios na praia.

Cintia cogitava também uma viagem. O plano era levar a mãe para tomar café da manhã com a Cinderela, na Disney. Em sua lista de intenções de consumo, previa aprender outro idioma, obter uma graduação universitária e, depois, colecionar titulações acadêmicas. Queria virar doutora, morar fora e melhorar suas chances de obter uma boa colocação profissional. "Ao tentar, acho que não faço mais que a minha obrigação", explicava. "E outros precisam seguir esse caminho, vir atrás de mim."

Maria Lúcia também planejava "consumir" educação e anunciava que lutaria para se tornar bacharel em Direito. No futuro mais distante, via-se em uma casa no interior, em um lugar tranquilo, "curtindo numa boa o fim de semana".

Os sonhos de Enderson seguiam na mesma trilha. Desejava montar tijolos, colar ladrilhos, recortar janelas, concluir a casa da mãe. "Quando eu sair, quero poder dizer: olha, deixei essa construção pronta", afirmava, emocionado. Para ele, o bom porvir exigia garra, coragem e compromisso com o estudo. Planejava estudar inglês, fazer um curso no exterior e valorizar-se como profissional. Imaginava um futuro mais justo do que o presente, mas não pretendia estar melhor do que seus iguais da comunidade. Como empreendedor social, sonhava que todos estivessem, juntos, melhores do que antes.

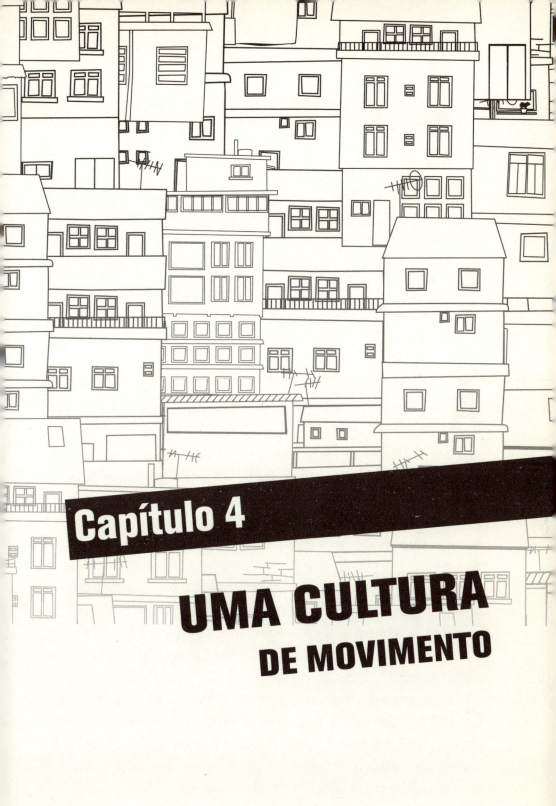

Capítulo 4

UMA CULTURA
DE MOVIMENTO

A favela cresce, de cima para baixo, de baixo para cima, elástica, como serpente viva, social, ondulante. Se uma palavra a define é "movimento". Nada mais natural, portanto, que suas expressões culturais tenham como base a energia cinética das relações humanas. "Quero sempre sair de casa para ver o movimento", declara Sandra, indagada acerca de suas opções de entretenimento. "Quando as pessoas saem da favela e vão para os condomínios, elas encontram dificuldade para se acostumar às regras", explica sua colega Edilene, que se mudou para um conjunto habitacional. Ela lamenta que não possa mais ligar o som nas alturas e fazer festa até tarde da noite. "Gosto é de andar pela favela e ver gente, ver o movimento", arremata.

Especialmente para os jovens, a expressão "ver o movimento" não determina uma conduta meramente contemplativa. Na verdade, na maior parte dos casos, a intenção é participar do movimento, é integrar o grupo dos que aproveitam o tempo livre das obrigações do trabalho.

O movimento consiste, assim, em valor. Indica que algo de "bom" ocorre no lugar, gerando alegria e diversão para as pessoas. "Se o povo está participando, acaba contagiando, a gente sente que não pode ficar de fora", define Maurício, jovem que nasceu e vive até hoje em uma favela da zona sul paulistana. "Acho estranho quando um jovem da favela rejeita o convite para um baile funk", observa.

Em janeiro de 2014, quando finalizávamos este livro, a realização dos chamados "rolezinhos" mobilizava o país em acirrado debate. Para alguns, eram simplesmente hordas de meliantes que ameaçavam o patrimônio dos shoppings e a integridade das "famílias de bem". Segundo esse pensamento, convinha reprimir com vigor essas manifestações.

Na época, detectamos que muitos desses meninos e meninas, organizados nas redes sociais, eram moradores de favelas, muitos deles alçados pouco tempo antes à classe C e, portanto, ao mundo do consumo.

Cabe prestar atenção especial ao termo "rolê". Ele tem relação direta com movimento, com giro, com volta, com ações de ir e vir. Nesse caso, a diversão não é estática. Pelo contrário, ela é vivida numa espécie de passeio interativo, no qual os personagens trocam de lugar no cenário dos encontros. Trata-se de experiência bastante distinta, por exemplo, daquela que marca uma ida ao cinema ou ao teatro.

Esse desejo de movimento tem origem em comportamentos herdados dos pais e dos avós. Nas cidades interioranas, a paquera se fazia nas praças públicas. Muitas vezes, os garotões caminhavam em grupo numa direção, enquanto as moças faziam o mesmo percurso no sentido contrário. Se bem sincronizados, encontram-se duas vezes no mesmo trajeto. Em outras épocas, esse vagar interessado era o exercício das quermesses. Para laçar o coração de alguém, muitas vezes era preciso recorrer ao chamado "correio-elegante".

Um olhar antropológico sobre esses fenômenos sociais pode detectar comportamentos caros ao povo brasileiro e, de alguma forma, aos latinos em geral. Nos rolezinhos e seus precursores, os jovens pretendem avaliar os demais e, ao mesmo tempo, mostrar o que são, como são e também suas posses.

Ironicamente, os jovens do rolezinho vão para os shoppings embalados em roupas de marca, muitas vezes adquiridas lá mesmo. Fazem questão de exibir a camiseta, a calça, o boné ou o relógio, símbolos de ascensão social. Assim belos, bem vestidos e aparelhados, desfilam com certo orgulho. Procuram, mesmo que inconscientemente, reduzir o preconceito de que são vítimas.

Se o Brasil mudou para melhor, os jovens da classe C, segmento social identificado com os rolezinhos, auferiram lucros dessa metamorfose. Na abertura de 2014, tinham um poder de consumo considerável, valor superior ao da soma de todas as carteiras e contas bancárias dos iguais das classes A, B e D, parte dele investido em atividades de cultura e entretenimento.

Para eles, o shopping oferece, ao mesmo tempo, um espaço de lazer que inexiste nas periferias, particularmente nas favelas. Entre os aficionados pelos rolês, predominam os filhos da nova classe média. Ao contrário dos pais, eles não viveram um período de severas restrições e privações. Cresceram nos últimos dez anos, período no qual se ampliou tremendamente o consumo e no qual avançou a universalização de direitos.

Ali, de modo curioso, os jovens buscam segurança, a mesma de que são acusados de ameaçar. Influenciados por símbolos do preconceito, autoridades e comerciantes são conduzidos a associar o rolezinho ao arrastão, fenômeno de outra natureza e que prosperou em outra época.

Ao contrário do que se imagina, o povo do rolezinho não adquire apenas supérfluos. As pesquisas do Data Popular mostram que esses jovens também investem em produtos educativos, como livros e DVDs, e aparelhos de alta tecnologia, como dispositivos móveis de comunicação. Na época, 15% dos jovens da classe C planejavam comprar um *notebook* nos doze meses seguintes. A fatia dos que pensavam em adquirir um *smartphone* era de 11%, mesmo contingente dos interessados em um *tablet*.

Certamente, cometiam erro crasso aqueles comerciantes que consideravam apropriado barrar com *spray* de pimenta e cassetete esses ingressantes no mundo do consumo e do entretenimento. Faziam péssima aposta, queimando ótima oportunidade de conquistar uma nova e dinâmica clientela. Informações sobre condutas discriminatórias dessa natureza sobem o morro e se espalham celeremente pelo boca a boca. Essa é a mais efetiva forma de propaganda nas favelas. Ela serve para alavancar negócios ou destruir reputações.

Não por acaso, o ritmo mais ouvido na favela é o samba, estilo que inclui seu mais dileto descendente, o pagode. O samba é, sobretudo, movimento, dos pés, das cadeiras, do braços, do corpo inteiro. É exercício coletivo do fazer musical e guarda a mais autêntica ligação com o movimento físico ensaiado e organizado, aquele que encanta durante os desfiles de carnaval. Na avenida, as pessoas constituem a harmonia, desfilam, exibem-se, movem juntas a roda da cultura popular. De acordo com a pesquisa do Data Favela, 50% dos habitantes das comunidades ouvem samba ou pagode. Em segundo lugar, aparecem empatados o gospel e o sertanejo, com 27% das referências.

Emerge do estudo, no entanto, um dado interessante que revela um possível processo de metamorfose na avaliação das manifestações culturais no campo da música. O estilo preferido nas favelas é o gospel, citado por 27% dos indivíduos ouvidos pelos pesquisadores. O samba, tão amado e popular, vem em segundo lugar, citado por 17% das pessoas. Não há como determinar se essas respostas correspondem a alguma estratégia de autovalorização, tendo em vista que, para muitos membros das comunidades, viver a cultura evangélica pode ser considerado um indicativo de compostura e decência.

Tido como manifestação cultural de peso na favela, o funk vem em quinto lugar entre os estilos mais ouvidos, com 16% das referências, atrás do forró/forró universitário, com 25% das menções. No que se refere ao estilo preferido, o funk crava outro quinto lugar, citado por 6% das pessoas, novamente atrás do sertanejo, com 12%, e do forró/forró universitário, com 9% das respostas.

Considerado originalmente o estilo capaz de denunciar as mazelas da vida na favela, bem como de conscientizar socialmente os jovens, o rap/*hip-hop* é ouvido por apenas 10% das pessoas, atrás do brega/tecnobrega, com 14% das referências. Se tratamos do tipo preferido de música na favela, o rap/*hip-hop* tem apenas 3% das menções, contra 6% do brega/tecnobrega.

É possível considerar que o apogeu do rap tenha ocorrido em São Paulo, em outra época, provavelmente na virada do século, em que as condições sociais e econômicas na favela eram notadamente piores. Pelo menos para aqueles jovens que em 2014 vestem roupas de grife, comunicam-se por *smartphones* e ingressam em universidades, as letras rebeldes e angustiadas perderam em parte o sentido. Para muitos, o sonho maior é mergulhar no mundo do consumo e não contestar o sistema.

O funk desenvolveu-se originalmente no Rio de Janeiro, a partir dos anos 1970, sobre a base rítmica do Miami Bass, com letras que narravam, sobretudo, histórias de violência nas favelas. Aos poucos, as composições ganharam forte apelo sexual. Mesmo assim, havia similaridades com o rap em certas abordagens da vida nas comunidades. O distanciamento seria ampliado a partir de 2008, com a criação do chamado funk ostentação, em São Paulo, por músicos antes participantes da cena do rap, como MC Bio G3.

Essa variação do ritmo está associada principalmente aos jovens emergentes, inseridos recentemente no mercado de consumo. Os artistas, em parte influenciados por rappers como 50 Cent, Puff Daddy e Nelly, tratam de vangloriar-se de algum tipo de riqueza e poder. Obcecados por marcas, referem-se com orgulho à posse de bebidas caras, roupas de grife, joias, automóveis de luxo e, muitas vezes, mulheres de prodigiosa beleza física. Ainda que o verbo-chave seja ostentar, alguns músicos procuram demonstrar uma vida de lutas e perseverança até conquistar seus objetivos. Nesse sentido, mais do que esbanjar, a ideia seria mostrar que os membros dos estratos sociais inferiores são capazes de obter bens antes reservados à burguesia.

A chamada "comunidade funk" tem hoje cerca de 10 milhões de brasileiros com mais de 16 anos, a maior parte das classes C e D. Pelo menos 77% ouvem funk diariamente e 50% compareçem a um baile do gênero ao menos uma vez por mês. Dos fãs, 22% consideram o estilo pura diversão, bom para dançar. No entanto, 26% exprimem ambições, ou seja, o convite a uma experiência de superação e ascensão. No início de 2014, o MC Guimê, por exemplo, de Osasco (SP), faturava mensalmente em torno de 1,4 milhão de reais e o vídeo de sua composição "Plaquê de 100" tinha mais de 44 milhões de visitas no YouTube.

No Rio, o funk muitas vezes estabelece relações de simpatia com grupos empenhados na realização de negócios ilegais. MC Smith, nome artístico de Wallace Ferreira da Mota, foi detido em 2010, acusado de fazer apologia do tráfico de drogas. Na época, era um dos intérpretes do "proibidão", modalidade de funk que exalta atividades de facções criminosas. O processo na justiça travou, morreu e o artista seguiu sua carreira musical. Nego do Borel, outro astro do chamado "pancadão", move multidões em seus animados shows. Em alguns momentos, recorre ao que jornais e revistas classificam como obscenidades. Em outros, procura mostrar as razões das atividades dos fora da lei que atuam no Morro do Borel.

Esses radicalismos infracionais já não fazem parte das composições de LC Satrianny, expoente do estilo que resolveu aderir ao chamado funk gospel, criado no Rio de Janeiro no início da década de 2000. Nascido e criado no Complexo da Maré, o artista realiza cerca de quatro apresentações mensais em favelas. Afirma que seu objetivo é usar a linguagem do funk para divulgar mensagens bíblicas e livrar os jovens dos narcóticos e do crime.

De acordo com a pesquisa do Data Favela, 8% dos consultados ouviam canções de rock/pop rock, gênero preferido por 3%. O axé tocava nos aparelhos de 13%, mas figurava como estilo preferido de apenas 1% das pessoas. Curiosamente, 4% dos consultados declararam não ouvir nenhum tipo de música.

Os eventos da rua

Nas favelas e nos núcleos de moradia na periferia, percebemos que os anos recentes têm sido marcados pela criação de polos avançados de protagonismo cultural. A roda de samba, por exemplo, vem superando os limites físicos da periferia. Como manifestação dos talentos populares, ganha os bairros nobres da cidade. Em São Paulo, a Vila Madalena, da boemia de classe média, reserva cada vez mais espaços, na área pública, ou em estabelecimentos privados, para esse tipo de expressão artística.

Os bares, aliás, têm sido palco de revoluções. Num deles, em 2001, no Taboão da Serra, na Grande São Paulo, o poeta Sérgio Vaz criou a Cooperativa Cultural da Periferia (Cooperifa). Se a cultura de participação não chegava até os fundos da metrópole, o povo resolveu fabricá-la ali mesmo. Assim, o boteco do Zé Batidão, na Chácara Santana, na Zona Sul, converteu-se em polo cultural, sede do famoso Sarau da Cooperifa. "Houve um tempo em que a gente queria mudar da periferia; hoje, a gente quer mudá-la", costuma dizer o poeta Sérgio Vaz.

Dessa experiência, surgiram outras com filosofia semelhante, como o Cinema na Laje, a Chuva de Livros e o Sarau nas Escolas. A fórmula tem sido replicada por outras comunidades da periferia. Conforme sustenta Vaz, nas bordas da cidade, o artista tem de ser ativista. Sua arte mistura educação e entretenimento, tem luta, sangue e suor.

Na última semana de 2013, durante a produção deste livro, Fortaleza também se exercitava nessas artes de domínio público. Na Goiabeira, Calçadão da Vila do Mar, jovens realizavam o encerramento do projeto Alastra Cultura. O objetivo da iniciativa era promover formação livre na linguagem do rap, por meio de oficinas gratuitas de produção de rimas, *beat maker*, audiovisual, plataformas de mídia, ornamentação de palco e produção de eventos.

Entre os presentes, encontrava-se Preto Zezé, presidente da Cufa nacional. Dali, ele partiu para o Benfica, Casa Amarela, onde foi assistir ao filme *Capuccino com Canela*, de Déo Cardoso, que trata do racismo à brasileira praticado no Ceará.

No dia seguinte, a atividade na pauta era uma intervenção do projeto Street 8, no Curió. Organizada por conta própria, a juventude construía interações por meio da música. Detalhe: não havia álcool e outras drogas comuns em concentrações do gênero.

O percurso de Zezé foi encerrado na primeira ação do Movimento Fortaleza Sou Eu, para a exibição do filme *Cine Holliudy*, debaixo de um viaduto, antes tomado por entulho e lixo. O objetivo era ressignificar um espaço abandonado, convertê-lo em reduto vivo da cultura. A iniciativa teve como principal mérito mesclar o público. Gente abastada trocou ideias com o povão. O propósito era constituir diálogos e buscar entendimentos comuns para a transformação da realidade. Com certeza, naquele curto espaço de tempo, os cearenses ofereceram formidáveis exemplos para a construção de uma sociedade mais harmoniosa.

O lugar e o espaço

Se a proposta era radiografar a favela, a pesquisa que inspirou este livro procurou justamente mapear e conhecer o espaço das interações culturais. Nas lajes das residências, algumas dotadas de piscinas, encontrou o lócus de importantes interações nas comunidades. O churrasco, que também pode ser realizado em local público, em um bar ou na sede de uma entidade filantrópica, é fundamental na manutenção e no fortalecimento dos laços sociais. Serve para manter unida a família, para estabelecer relações de amizade com os vizinhos e até mesmo para selar negócios.

Muitos dos moradores haviam promovido um churrasco no período de trinta dias anterior à visita dos entrevistadores. Das pessoas ouvidas, 89% haviam realizado o encontro na comunidade. Outros 6% tinham optado por fazê-lo fora da comunidade, em um bairro próximo. O restante, 5%, escolhera um bairro distante.

Segundo a pesquisa, 29% dos consultados haviam jantado fora por lazer nesse mesmo período. O padrão se manteve: 55% haviam feito essa refeição especial na comunidade; 26%, em um bairro próximo e 19%, em um bairro distante.

Muita gente havia comparecido a festas nos trinta dias anteriores, 63% delas na comunidade; 21%, em um bairro próximo e 16%, em um bairro distante. Dos botecos e bares visitados nesse período, 77% encontravam-se na comunidade; 13%, em bairro próximo e 10%, em um bairro distante.

No caso dos que estiveram presentes em baladas, bailes ou boates, a tendência se inverteu, evidenciando a falta de opções nas comunidades. Apenas 29% tinham participado dessas atividades na favela. Para 31%, essa interação social ocorrera em um bairro próximo. O restante, 40%, tivera de se locomover a um bairro distante.

O espaço público da favela oferece raras oportunidades de lazer gratuitas para os moradores. Se a pacificação das comunidades trouxe benefícios à população no campo da segurança, é certo que gerou dificuldades a promoção de festas e bailes de rua. Eventos dessa natureza dependem de autorizações que frequentemente precisam ser obtidas da polícia e também dos líderes do tráfico. Afinal, de maneira silenciosa, as organizações criminosas seguem presentes nas comunidades.

Para esses grupos, toda festa realizada sob controle do aparato policial converte-se em evento de traição, pois constitui um mercado murado, com demanda reprimida. Ali, a droga não entra e não circula, ainda que os antigos clientes estejam dispostos a consumi-la. Nesse sistema marcado pela interdição e pela tensão, são comuns as retaliações promovidas pelos líderes do tráfico.

Durante o período de pesquisas, em várias favelas do Rio de Janeiro, a instalação da UPP era imediatamente associada à paralisação das atividades de cultura e entretenimento na comunidade. Antes, em vários núcleos habitacionais, o tráfico pagava o som, a iluminação, a estrutura de palco e até os artistas. Depois da pacificação, o poder público não assumiu essa incumbência, preferindo vigiar cidadãos desistentes do gozo festivo. Nesse cenário de imobilidade, agentes sociais e associações veem como alternativa a constituição de uma agenda de eventos com patrocínio de empresas privadas. Poucas, no entanto, já perceberam as oportunidades de ações de marketing desse tipo nas comunidades.

O vazio de opções de entretenimento nas favelas acaba por prejudicar, sobretudo, a vida social das mulheres. Muitas delas, depois da dupla jornada de trabalho durante a semana, esperam algum tipo de atividade capaz de lhes propiciar aprendizado e contentamento. Em geral, não encontram. Os homens praticam futebol nas canchas locais e ganham, desde a adolescência, um tipo de licença moral para o desfrute das horas livres num bar, possivelmente jogando bilhar e tomando cerveja. Em agrupamentos que mantêm os pilares da cultura machista, uma mulher que talvez emule esses costumes será rapidamente repreendida e estigmatizada.

Sobra outra preocupação para as mulheres: o que fazer para entreter e divertir, de maneira sadia, os filhos, sejam crianças sejam adolescentes. Para muitas delas, a falta de eventos culturais permite que fiquem "desocupados nas ruas". No inconsciente coletivo da favela, esse vagar sem rumo e sem missão termina, invariavelmente, em perigoso contato com as drogas e com a criminalidade.

Por causa da distância, das precárias opções de transporte e dos gastos agregados, o consumo de bens culturais tradicionais ainda é baixo entre os moradores da favela. Quando da pesquisa, apenas 12% tinham assistido a um filme no cinema nos trinta dias anteriores. Considerado o mesmo período, apenas 11% haviam comparecido a um show de música. Somente 2% tinham assistido a uma peça de teatro, mesma porção dos que haviam visitado um museu.

Dos que se sentaram diante da grande tela do cinema, 51% tinham se deslocado para um bairro distante e 34% para um bairro próximo. No caso dos shows musicais, o padrão se repetiu. Dos consultados, 64% haviam assistido à apresentação em um bairro distante; outros 26%, em um bairro próximo.

Com certeza, o consumo atrofiado de bens tradicionais guarda estreita relação com aspectos associados ao *ethos* cultural da favela. O cinema e o teatro, por exemplo, são lugares de contenção, em que as pessoas precisam se portar de modo "decente", quietas, em lugares previamente demarcados, o que conflita com a tradicional aspiração ao movimento, questão da qual tratamos no início do capítulo.

Fatores educacionais também são fundamentais para entender essas particularidades. Em 38% dos domicílios das favelas não há sequer um livro. Em 35% deles, encontram-se de um a dez. Somente em 5% das moradias, disponibiliza-se uma biblioteca familiar, com mais de cinquenta volumes. Cabe uma comparação. Há mais de dez livros em 26% das habitações da favela; no Brasil urbano, em 35% das casas.

Ainda que o índice de leitura seja baixo, vem crescendo com o aumento paulatino da escolaridade. Das pessoas pesquisadas, 27% leram ao menos um livro (exceto a Bíblia) nos doze meses anteriores. No Brasil urbano como um todo, essa taxa era de 30%. Se desejamos boas notícias, segue um dado relevante: quanto mais jovem o habitante da favela, maior seu percentual de leitura. Na turma entre 16 e 29 anos, considerado o mesmo período, 35% viraram as páginas de um livro em busca de aprendizado ou diversão. Essa taxa cai a 21% entre aqueles na faixa de 30 a 49 anos. Somente 17% daqueles com 50 anos ou mais viveram essa aventura no mundo das letras.

Esses números devem-se, em parte, ao tempo vivido no ambiente educativo formal. As novas gerações são mais escolarizadas que as antigas. Entre os jovens de 18 a 30 anos, 73% já estudaram mais do que seus pais. Em alguns casos, o mergulho dos filhos nesse universo acaba por motivar os pais a retomarem os estudos. "Meu filho de 17 anos estuda numa escola técnica e eu, assim como ele, sonho em prestar vestibular para uma faculdade", afirma Cleide. "Meu sonho é fazer Direito."

A educação prospera como um valor para o habitante da favela. Em 2013, sete em cada grupo de dez moradores viam o estudo como alicerce para quem pretende subir na vida. Das pessoas ouvidas, 76% concordaram, totalmente (48%) ou em parte (28%), com a asserção: "somente é possível progredir na vida com muito estudo". Apenas 15% discordaram, totalmente ou em parte.

Se essa é a percepção majoritária, não surpreende que os moradores da favela tenham mais interesse em capacitação do que a população em geral. Nos doze meses seguintes à pesquisa, 31% das pessoas ouvidas planejavam matricular-se em um curso preparatório, contra 14% do Brasil urbano em geral. Ingressar numa faculdade fazia parte dos planos de 17% dos consultados, contra 10% do Brasil urbano. No total, 1,4 milhão de moradores de favelas tinham a intenção de compor, nos doze meses seguintes, o corpo discente de uma instituição universitária. Outros 2,5 milhões esperavam iniciar o aprendizado em um curso profissionalizante.

A favela se agita e se desloca, aprimora-se e transforma-se. Empenha-se em exercícios estéticos e educativos, no beco, na viela, na laje da qual observa o mundo. Por vezes, tão rapidamente que se torna ainda mais invisível aos olhos do asfalto. Por vezes, devagar, mas num movimento de volume, em que os passos, ainda que curtos, fazem avançar ao mesmo tempo o coração e a mente de milhões de pessoas. Se a favela se reinventa, empurra o novo – inexoravelmente – para o resto da cidade. Ela aprende e ensina.

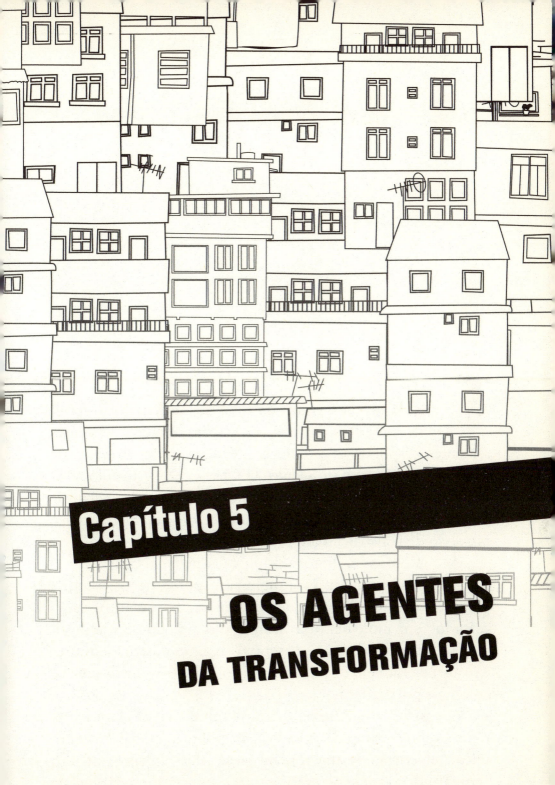

Capítulo 5

OS AGENTES
DA TRANSFORMAÇÃO

Tratar da favela é tratar da refavela, do território fervilhante e inexato das transformações, em que diferentes sementes disputam o privilégio de determinar a realidade futura. Na passagem do século XIX para o XX, no solo fértil dos morros de Santo Antonio e da Providência, no Rio de Janeiro, vieram ao Sol os frutos agridoces de um longo e tenso processo de construção alternativa da ordem.

As comunidades, logo multiplicadas pelo país, garantiram fôlego à luta popular, eventualmente por espaços, sempre por direitos. Seus pilares de resistência, no entanto, estão calcados em uma história antiga. No fim do século XVI, ainda no Brasil criança, os escravos fugiam de seus senhores e se agrupavam em enclaves nos recortes inóspitos das terras coloniais portuguesas.

Ancestrais das favelas, os quilombos constituíam experiências inovadoras de organização política, social e econômica. Sob constante ameaça, em áreas relativamente restritas, compatibilizavam saberes africanos e soluções inovadoras na gestão de recursos. Dessa época, recorde-se o exemplo de Zumbi, administrador e líder militar, referência mista de competência e correção moral.

No século seguinte, em 1798, esse espírito rebelde se ofereceu novamente ao combate na Conjuração Baiana, também conhecida como Revolta dos Alfaiates, que teve apoiadores em todas as classes sociais. Entre seus líderes, figurava o médico e jornalista Cipriano Barata, intelectual pioneiro na defesa das causas populares. Os conjurados pregavam a instauração de um governo republicano e a libertação de todos os escravos. Um dos panfletos dos revoltosos estampava a seguinte convocação: "Animai-vos, povo baiense, que está para chegar o tempo feliz da nossa Liberdade: o tempo em que todos seremos irmãos; o tempo em que todos seremos iguais.".

Sobreveio logo a repressão e dezenas de pessoas foram aprisionadas. No ano seguinte, acabaram condenados à pena capital apenas homens do povo: os soldados Lucas e Luís, o mestre alfaiate João de Deus e o aprendiz de alfaiate Manuel Faustino.

Em Minas Gerais, no período colonial, ergueram-se ao menos 127 quilombos, cada qual detentor de singular riqueza nas artes da resistência. Dessa época, o país guarda a triste figura do capitão-do-mato, cuja principal atividade era capturar os negros que abandonavam seus senhores em busca da liberdade. Não foram raras as campanhas militares para destruir os quilombos, cujo DNA violento seria transmitido às operações para a remoção forçada de favelas.

Calcula-se que até 1850, quando foi promulgada a lei que criminalizava a "importação" de escravos, o país tenha recebido pelo menos 3,5 milhões de africanos cativos. Dessa data até 1888, estima-se que até 200 mil pessoas tenham sido comercializadas no sistema de tráfico interprovincial.

A partir de 1870, a demanda abolicionista prospera na boca do povo. Governantes e proprietários rurais tratam de substituir paulatinamente a mão de obra escrava pela de imigrantes europeus. Em muitos lugares, esses homens e essas mulheres livres acabam por se submeter a regimes de trabalho análogos ao da escravidão. A elite econômica brasileira custa a civilizar-se e, aos poucos, marginaliza inúmeros brancos que, mais adiante, vão se juntar ao gigantesco exército dos excluídos sociais.

Em 1880, é fundada a Sociedade Brasileira Contra a Escravidão. Gente de todas as áreas abraça a causa, de estudantes a artistas, de magistrados a jornalistas. Desse período de louváveis insubordinações, o país mal se lembra.

Poucos jovens, por exemplo, podem dizer quem foi Luís Gonzaga Pinto da Gama, agente destemido da transformação. Nascido em Salvador, em 1830, foi escravizado quando tinha 10 anos e conduzido a São Paulo. Até os 17 anos, sem educação formal, não sabia concatenar as letras. Inquieto e inteligente, no entanto, conquistou judicialmente a própria liberdade. Viveu com critério, como soldado, ordenança, copista, tipógrafo, advogado, jornalista, escritor e militante da causa republicana. Sabe-se que libertou pelos menos quinhentos escravos. Contudo, também interveio em favor de imigrantes europeus lesados pela aristocracia bandeirante.

No Rio, outro ativista teria destacada participação no movimento abolicionista. De mãe negra, José Carlos do Patrocínio moveu vigorosa propaganda pelos direitos da população negra. Foi quem redigiu o manifesto da Confederação Abolicionista.

Em novembro de 1910, a luta prosseguia. O Rio se sacudia na favela do mar, aquela dos homens da Marinha do Brasil, 90% deles negros e mulatos, que carregavam na pele a marca de cruéis castigos físicos. A Revolta da Chibata eclodiu quando Marcelino Rodrigues de Menezes, acusado de levar cachaça ao Encouraçado Minas Gerais, recebeu 250 chibatadas.

Nessa pugna, graduaram-se como agentes da mudança todos os milhares de revoltosos, cada um arriscando a carreira e a própria vida. Imprimiu-se no livro da história o nome de um deles, João Cândido Felisberto, o Almirante Negro, líder dos amotinados, voz clara da reivindicação. Ao fim dos conflitos ocorridos na época, foi expulso da Marinha e encarcerado.

Em 2008, 39 anos depois de sua morte, o *Diário Oficial da União* publicou finalmente a lei que lhe concedia anistia. Em novembro do mesmo ano, uma estátua sua, instalada em 2007 nos jardins do Museu da República, foi transferida para a Praça XV, em ritual festivo com a presença do então presidente, Luiz Inácio Lula da Silva.

Resgatado um fiapo da história, cabe um olhar dedicado àqueles que constroem o processo contemporâneo da mudança. Os melhores desses agentes têm sido aqueles que permitem à favela manter sua unidade, evoluir como ajuntamento urbano solidário e proteger-se do fantasma remocionista. Vocalizou-se essa demanda no *Rap da felicidade*, de Cidinho e Doca, cuja letra avisava:

Eu só quero é ser feliz
Andar tranquilamente
Na favela onde eu nasci
E poder me orgulhar
E ter a consciência
Que o pobre tem seu lugar

Hoje, 72% dos habitantes da favela declaram-se negros, de modo que a luta dos transformadores é também por igualdade, respeito e extinção do preconceito racial. Nas comunidades, um dentre três moradores já se sentiu discriminado. Entre os que tiveram essa percepção, 32% declaram ter sofrido em razão da raça ou da cor da pele. Para 30%, a situação de constrangimento deveu-se ao fato de morar na favela.

O esforço pela transformação, no entanto, não se limita a esse campo de batalha. Tampouco a busca de protagonismos exige feitos espetaculares, como os de Zumbi e Luís Gama.

A revolução silenciosa ganha impulso, por exemplo, quando uma mulher cuida do filho pequeno da vizinha que trabalha fora. Assim como quando um jovem decide participar de um mutirão para livrar do lixo um barranco na extremidade do beco. O senso aguçado de responsabilidade comunitária é traço distintivo das favelas brasileiras, definido por uma cultura de comprometimento e não pela imposição da lei. É o que conta nas sagas da refavela.

Alguns desses anônimos heróis se apresentaram ao diálogo com o presidente da República, em 2006, na Cidade de Deus, no Rio de Janeiro. Na preparação do evento, numa tarde quente, sorriam o rapaz que tapava buracos no teto de zinco e outro que instalava novas calhas de água. Em falação ansiosa, os grafiteiros preparavam um gigantesco painel para emoldurar um palanque.

Foi tanto agito que, a partir daquele momento, os engravatados do governo passaram a olhar com um pouco mais de atenção para a favela. Pelo menos, passaram a valorizar como interlocutoras de peso as lideranças das comunidades.

Tanto é que, em junho de 2013, durante o levante juvenil iniciado com as reivindicações do Movimento Passe Livre, a presidenta Dilma Rousseff visitava pela segunda vez em cinco anos a Rocinha, no Rio. Seu objetivo era anunciar investimentos em obras de infraestrutura em comunidades cariocas.

Se havia conflitos no asfalto das principais cidades do país, a grande favela parecia plácida, quase introspectiva, focada na solução dos próprios problemas. "Enche-me de alegria voltar aqui e ver as crianças nadando na piscina, tendo acesso a um conjunto de equipamentos que dão qualidade de vida a essa população", declarou Dilma, empenhada em fortalecer laços com os líderes das favelas.

Na plateia, uma senhora alertava que ainda "havia muita criança nas ruas". Uma mulher reivindicava a instalação de uma escola técnica que ajudasse na capacitação dos filhos. Ouvido o discurso, exigia-se, pois, ritmo mais veloz no processo de transformação.

Um poderoso agente interno

Desde que passou a fazer parte do cenário urbano brasileiro, a favela tem colecionado inimigos e defensores. Nesta última categoria, no entanto, os autores das intervenções quase sempre provinham do ambiente externo. Mesmo quando movidos por boas intenções, muitos procuravam impor às comunidades soluções produzidas no asfalto. Por ignorância ou por soberba, muitos projetos resultaram em retumbantes fracassos.

Aqui, eu, Renato Meirelles, assumo temporariamente o teclado para divulgar mais um retrato de meu parceiro de escrita. Talvez por modéstia, talvez por timidez, ele não se incluiria entre os agentes da mudança, tampouco daria a devida ênfase ao trabalho da instituição que fundou, a Central Única das Favelas.

Celso Athayde aprendeu cedo sobre os entraves no diálogo com a chamada pequena burguesia. Em 1970, ano em que a empolgação com a seleção nacional de futebol patrocinava inconscientes bondades públicas, avistou em uma rua de Marechal Hermes, na zona norte carioca, um resplandecente Karmann Ghia. Dentro dele, sorriam uma mulher bem vestida e sua filha, que brincava com uma bola de praia, tingida de um hipnotizante colorido chapiscado.

Aproximando-se da motorista, o menino logo foi agraciado com um donativo, que fechou firme na mãozinha ligeira. Em seguida, porém, quando retornava à calçada, ouviu a reprimenda: "Ô, neguinho mais mal-educado, nem agradece".

Ora, enquanto se retirava em silêncio, Celso apenas sonhava com aquela bola, símbolo de nobreza, que provavelmente jamais poderia adquirir. Calou-se, tímido, apenas porque sua voz não atravessaria o longo vale que separava seu mundo de carências daquele da grã-fina sobre rodas.

Muitos anos depois, em 1996, quando administrava sua quase falida loja de discos e camisetas de rap, em Madureira, ainda refletia sobre o controle do processo de mudança nas periferias empobrecidas. Parcerias estratégicas lhe pareciam necessárias, mas os excluídos precisavam, urgentemente, assumir protagonismos.

Assim, empenhou-se em reunir, toda quarta-feira, das 19 às 22 horas, no pequeno e calorento estabelecimento, a turma do *hip-hop*. Debatiam sobre tudo, palavra livre, sem regras.

A juventude logo se fascinou pelo exercício. Assim, tomaram emprestada uma sala de aula do curso Somar, preparatório para o vestibular, onde ganharam espaço e oxigênio para as discussões. Lograram êxito ao organizar fóruns semanais, aos sábados, das 9 às 18 horas, para tratar com especialistas dos mais diversos assuntos.

Com Cacá Diegues, por exemplo, debateram o papel do cinema nas mudanças sociais. Com João Pedro Stédile, do Movimento Sem Terra (MST), trocaram ideias sobre a organização política de massas. Dessa assembleia popular destinada a compartilhar conhecimentos, nasceu a Cufa. Como agente da transformação, é uma entidade que ouve e aprende, mas que também é capaz de expressar os desejos do morro.

Passaram-se os anos e a entidade cresceu rapidamente, convertendo-se em uma espécie de universidade livre, na qual sempre se estimulou a reflexão sobre a construção de protagonismos. Constituíram-se oficinas de capacitação e profissionalização. Em abordagens holísticas, a inovação juntou e misturou a música, a dança, o basquete de rua, a grafitagem, o skate, as artes audiovisuais e a participação criativa nos canais digitais. Rapidamente, revelaram-se inúmeros talentos jovens, capazes de lidar de maneira formidável com todas essas linguagens.

A Cufa certamente cresceu porque seus membros se julgaram cogestores ativos da entidade, pois ganharam estímulos para reinventar a cartilha da revolução social.

Quando da edição deste livro, a organização encontrava-se presente em 27 estados brasileiros e tinha filiais em dez países, cada qual desenvolvendo projetos adaptados à realidade local das populações carentes ou em processo de inclusão.

Em Alagoas, por exemplo, patrocinava aulas de corte e costura e de arte circense. No Amapá, oferecia palestras sobre a gravidez na adolescência. No Ceará, dedicava-se a um trabalho de combate ao consumo de *crack*. Em Angola, tratava de medidas preventivas contra doenças sexualmente transmissíveis, em especial a aids. Na Alemanha, difundia a prática da capoeira, concebida como manifestação artística e atividade física.

A mudança ali pensada, portanto, não tinha nenhum traço de egoísmo ou de exclusivismo. A Cufa, engendrando a transformação da sociedade, deseja-a democratizada, para todos, celebrando a diversidade, em ritos de partilha.

Gente que abre caminhos

Se árvores longevas derivam da sorte das mudas, o sucesso da Cufa se deve, por exemplo, ao carinho de Alex Pereira Barbosa com as primeiras iniciativas da entidade. Filho do bombeiro hidráulico Mano Juca e da dona de casa Cristina, habitante da Cidade de Deus, tornou-se conhecido como MV Bill.

Na condição de rapper politicamente engajado, informou, provocou e educou milhares de jovens brasileiros. Por sua obra como ativista social, ganhou o reconhecimento de entidades internacionais do naipe da Unesco e da Unicef. Como músico, ator, cineasta e escritor, promove todos os dias alguma revolução na mente e no coração dos cidadãos da favela. Ainda que duramente combatido por setores conservadores da sociedade, persevera em seus ideais.

Na faina da jardinagem militante da Cufa, destaca-se ainda Nega Gizza, rapper de talento, respeitada por sua dedicação às causas sociais. Foi diretora do Hutúz, o maior festival de rap da América Latina, organizado pela Cufa entre 2000 e 2009. Gisele Gomes de Souza nasceu em Brás de Pina, subúrbio da zona norte do Rio, filha de uma empregada doméstica. Na infância, vendia refrigerantes nas ruas da cidade e não pôde estudar além da sétima série.

Aos 15 anos, ouviu pela primeira vez uma composição de rap, gênero pelo qual imediatamente se apaixonou. Tempos depois, teve seu irmão Márcio, de 27 anos, morto pela polícia. Foi então adotada como "irmã" por MV Bill, que a incorporou como *backing vocal* de sua banda. Educando-se na militância social, presidiu o Núcleo Maria Maria, departamento da Cufa que desenvolve projetos específicos para as mulheres. Em 2002, iniciou sua gestão à frente da Liga Internacional de Basquete de Rua (LIIBRA). Bela, negra, forte, carinhosa, é o retrato da mulher que conduz com sensibilidade e persistência o processo da mudança.

Outra voz poderosa nesse ambiente é a do produtor audiovisual, diretor de cinema e ativista Anderson Quack. Nascido em 1977, na Cidade de Deus, é um dos brasileiros mais habilitados a constituir peças de mídia que estimulem o debate sobre o processo de inclusão social. Sua carreira de sucesso se iniciou depois das longas conversas que manteve, em atividades da Cufa, com o cineasta Cacá Diegues e com o antropólogo Júlio César Tavares, da Universidade Federal Fluminense.

Quando finalizávamos este livro, Quack (sobrenome que herdou de um personagem do desenho *A Corrida Espacial do Zé Colmeia*) estreava o seu documentário *Remoção*, produzido em parceria com

Luiz Antônio Pilar, que reconta o processo de transferência de milhares de famílias da zona sul para a zona oeste do Rio de Janeiro, nas décadas de 1960 e 1970. Nesse grupo de desterrados, encontravam-se os pais do cineasta. A mãe, Vânia, fora deslocada da favela da Catacumba, na área da Lagoa; o pai, Luiz Carlos, do Morro do Macedo Sobrinho, em Botafogo.

Produzido com patrocínio da Petrobras, o longa começou a ser exibido em comunidades do Rio de Janeiro, em associações e universidades, servindo como inspiração para vivos debates sobre o problema da urbanização nos enclaves populares. A história da composição forçada da Cidade de Deus e das vilas Aliança, Kennedy e Esperança lança luzes sobre o higienismo social e as intervenções autoritárias que vicejaram a partir do governo de Carlos Lacerda, divinizado defunto do conservadorismo brasileiro.

Quack sabe que som e imagem podem produzir narrativas mais acessíveis aos jovens das favelas e incentivá-los na busca pelo resgate de suas origens. Destrinchar o passado ajuda a evitar a repetição do erro e a valorizar as estratégias bem-sucedidas no campo da organização popular. O cineasta é um exímio editor de tempos. Sabe alinhavar acontecimentos e determinar relações de causa e efeito.

Quack ofereceu espetacular exemplo dessa visão abrangente da realidade ao avaliar a onda de protestos iniciada em junho de 2013. Ainda que valorizasse a legítima mobilização dos atores sociais, lançou publicamente uma advertência: jovens das classes A e B estavam tomando as ruas e falando em nome daqueles dos estratos C, D e E. Nesse discurso rebelde, segundo ele, havia equívocos graves e, em alguns casos, indícios de um velado racismo. Quack é sereno, mas destemido, claro, reto. É agente da mudança, todos os dias.

Outro profundo conhecedor da vida nas favelas brasileiras é Francisco José Pereira, o carismático Preto Zezé, cearense, rapper, produtor cultural, empreendedor, ativista e presidente nacional da Cufa na época em que produzíamos este livro. Figura de relevo nas lutas sociais do país, divide-se entre diferentes mundos. Pela manhã, troca ideias com garotos de rua; pela tarde, com a presidenta da República. Num dia, dialoga com um humilde catador de materiais recicláveis; em outro, com o CEO de uma importante multinacional.

Preto Zezé, que começou a ganhar seu sustento como lavador de automóveis, viveu no ambiente dos bailes funk e da pichação. Um dos idealizadores do Movimento Cultura de Rua (MCR) debutou como ativista social no início dos anos 1990, inspirado pela cultura *hip-hop*. Afirma que o rap, em particular, o fez enxergar o mundo de maneira diferente e libertadora. Essa educação pela arte o conduziu à práxis transformadora. Chegou à conclusão de que a palavra cantada, sozinha, não podia reduzir o sofrimento humano nem as desigualdades.

Na agenda de Preto Zezé, há sempre alguma atividade associada à questão das drogas. Seu livro *Selva de pedra – A fortaleza noiada* (Expressão Gráfica, 2013), que deriva de um documentário, conta as histórias de jovens vítimas da dependência química. Ao entrevistar mais de duzentas pessoas, seu objetivo foi afastar-se da visão polarizada que pauta o debate, na qual as soluções se resumem à repressão policial ou à internação compulsória. "A ideia era compreender a complexidade desse fenômeno que assola milhares de cidadãos, famílias e a sociedade em geral", define. "Muitas vezes, o usuário é retratado apenas como um doente ou um bandido, que precisa ser retirado de cena para garantir a beleza da paisagem das cidades."

Para o ativista, o Brasil ainda vive sob o modelo do preconceito velado, em que raramente a inclusão, pelo estudo e pelo emprego, é contemplada como solução para os problemas sociais, especialmente aqueles que marcam a história das favelas.

Certa vez, um jornalista o inquiriu sobre a localização da sede da Cufa, em um bairro de classe média, e não em uma área de periferia. Tranquilamente, respondeu:

> Legal, né? No foco dos ricos, essa é a lógica. Por que não? Por que não podemos ser empresários? Por que não podemos tirar primeiro lugar em Medicina? Tem que ser só o cara que vende a cerveja, que comercializa a coxinha, que limpa o chão e que retira o lixo da calçada?! Muitas pessoas realmente ainda não se acostumaram com os novos protagonismos da sociedade brasileira. No caso de parte da elite, a mentalidade vigente não aceita que a senzala vá para dentro da casa-grande. Nosso argumento é lógico, mas há quem se esforce por não compreendê-lo.

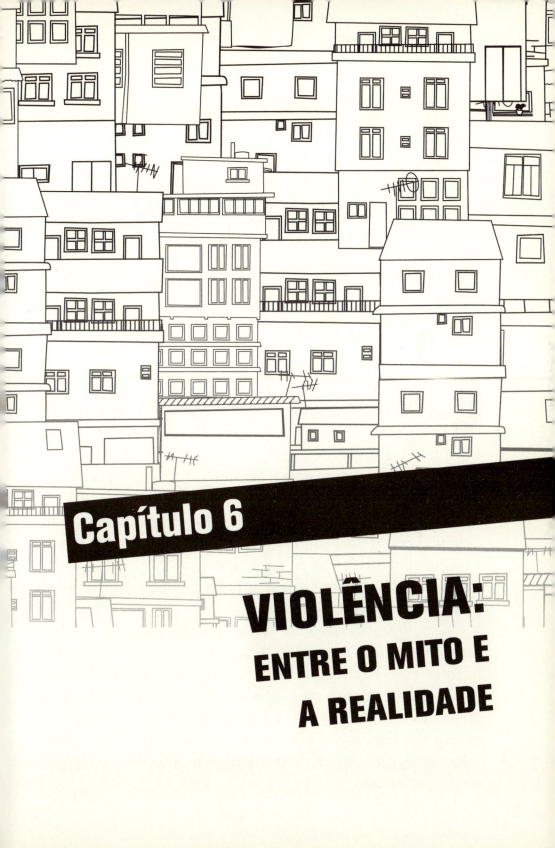

Capítulo 6

VIOLÊNCIA: ENTRE O MITO E A REALIDADE

Existe uma favela real, de madeira, ferro, cimento, carne e osso, mas há outra, ficcional, da prosa de invenção, constituída sob encomenda para legendar os rótulos de desaprovação colados sobre os excluídos. A favela de verdade apresenta-se na diversidade, plena de defeitos e virtudes. Aquela imaginada no asfalto, porém, é apenas reduto do vício e da perversão, imagem que o *establishment* difundiu massivamente durante décadas, conforme o receituário de estigmatização do conjunto dos pês: pretos, pobres e proletários privados da propriedade.

É natural, em qualquer tempo e lugar, que aqueles desprovidos de oportunidades, aqui e ali, recorram mais frequentemente à atividade ilícita, muitas vezes último recurso garantidor da sobrevivência. Qualquer estudo sociológico criterioso da vida nas grandes cidades confirma que o crime emerge da segregação e da supressão de direitos, nunca de uma inclinação natural deletéria de determinados indivíduos ou grupos étnicos.

A comunidade ítalo-brasileira, por exemplo, que hoje goza de excelente reputação no país, já foi assaz contestada nos anos fronteiriços à passagem do século XIX para o XX. Em longo período, a maior parte dos detidos e encarcerados na cidade de São Paulo era formada de italianos ou filhos destes, dentre os quais se destacavam os habitantes de cortiços. Contava, naquele caso específico, a exclusão imposta ao elemento estrangeiro, especialmente aquele que, com razão, escapulia das lavouras organizadas em sistemas de trabalho análogos à escravidão.

Em trânsito pela imensa rede de favelas nacionais, um observador atento encontrará hoje mais operários, comerciantes, guardas noturnos, *office boys*, diaristas, motoristas, cabeleireiras, auxiliares de escritório e costureiras do que bandidos profissionais. São estes últimos, no entanto, que servem como referências icônicas das comunidades. A reprodução obsessiva desse estereótipo se deve, sobretudo, ao roteiro do noticiário policial espetacularizado. Na falta de conhecimento profundo sobre o assunto, apela-se ao modelo raso de representação, já impresso na memória coletiva.

Desfeito esse mito de generalização, no entanto, cabe admitir que o negócio antigo do delito também funciona na favela, e que ele representa poderoso entrave a seu desenvolvimento social e econômico. No caso do Rio de Janeiro, há décadas, as organizações criminosas assumiram o controle dos territórios abandonados pelo Estado.

Na guerra permanente entre esses grupos, a população sofre com expurgos e migrações forçadas. Ao tomar um reduto adversário, um chefe do tráfico costuma expulsar moradores ali estabelecidos. A par e passo, nessas moradias esvaziadas, instala famílias trazidas de núcleos sobre os quais já exercia o poder. Trata-se de um prêmio à fidelidade, em alguns casos, mas também de uma ação estratégica de ocupação da base adversária.

Outra lenda relativa às favelas diz respeito à clientela do tráfico. De fato, os *playboys* do asfalto produzem gordas receitas para as organizações. No entanto, as comunidades têm a própria clientela, nativa, composta de moradores que recorrem à droga como facilitadora de interações sociais, indutora de alegria em eventos de entretenimento ou simplesmente como substituta de medicamentos reguladores de humor e conduta.

Se é lugar de viver e prosperar, mas também refúgio compulsório do excluído, a favela abriga naturalmente uma gama de personagens que carregam em suas biografias traumas de toda ordem. Há aquele que cedo foi abandonado pelos pais, aquele que sofreu abusos na infância, aquela que foi sexualmente molestada ainda em tenra idade, aquele que foi humilhado pelo patrão, aquele que viu o filho querido falecer em razão do atendimento hospitalar inadequado.

Não se pode imaginar que esse sofrimento brutal seja apagado magicamente do coração e da mente das pessoas. Com frequência, essas memórias constituem um fardo demasiadamente pesado para os indivíduos, ainda mais quando prevalece a situação de desconforto social. O recurso de assimilação ou superação pode passar pela doutrinação evangélica, pelo engajamento político ou, em muitos casos, pela adesão ao consumo regular de álcool ou de diferentes substâncias psicotrópicas. "O *crack*, por exemplo, propicia ao usuário sensação semelhante à de um orgasmo; o que para alguns jovens pode ser a única fonte disponível de prazer", adverte Preto Zezé, presidente da Cufa, que estudou profundamente o impacto das drogas em populações vulneráveis no Ceará.

Há um terceiro mito, que associa a delinquência ao ingresso recente dos emergentes no universo do consumo. Nesse caso, as políticas governamentais, principalmente aquelas associadas à concessão de crédito, somadas às estratégias privadas de fetichização da mercadoria, gerariam necessidades desconectadas da realidade e frustração imensa naqueles impedidos de realizar essas operações. Para as vítimas dessa interdição, o recurso final à conquista da posse seria a prática da ilegalidade.

Trata-se de outro equívoco. A favela foi, desde sempre, permeável à informação e à propaganda consumista. A moça do Morro do Alemão que vai trabalhar na cobertura chique de Ipanema topa todos os dias com os símbolos sedutores da riqueza capitalista, seja o carro possante da patroa, seja a roupa de grife dos jovens da família, seja a parafernália que proporciona gozo e conforto aos ocupantes do domicílio.

Ora, mas essa experiência já foi vivida por sua mãe ou por sua avó, em outros tempos. Na verdade, a diarista de hoje, ao contrário de suas ascendentes, pode até mesmo adquirir muitos desses bens, considerados o aumento real da renda, o número de pessoas do núcleo familiar empregadas e o acesso ampliado a recursos creditícios. A rigor, a vontade de tangibilizar a melhora de vida, seja pelo acesso seja pela posse, é transversal entre as classes sociais e não constitui um fator preponderante na geração da violência.

Uma avaliação criteriosa da realidade, desprovida do preconceito e dos enganos convertidos em ingredientes ideológicos do senso comum, revela que a violência é um fenômeno complexo, resultante de fatores cruzados. Reduzi-la ou erradicá-la depende, portanto, de uma abordagem transdisciplinar do problema e de ações que superem o debate convencional sobre as políticas de segurança pública. Cabe, portanto, uma análise mais detida sobre a implantação das Unidades de

Polícia Pacificadora (UPPs), no Rio de Janeiro, e das intervenções semelhantes em cidades como Salvador, Curitiba, São Luís e Porto Alegre.

O projeto que serve como matriz desse modelo começou a ser implantado pela Secretaria Estadual de Segurança do Rio de Janeiro em novembro de 2008, com a instalação de uma base na Favela Santa Marta. Antes disso, porém, já se faziam notar intervenções semelhantes, como a criação do Grupamento de Aplicação Prático-Escolar (Gape), no Morro da Providência, e o Projeto Mutirão da Paz, na favela Pereirão, em 1999. Essas ações serviram como base para a constituição do Grupo de Policiamento em Áreas Especiais (GPAE), que passou a agir na comunidade Pavão-Pavãozinho, em 2000. Unidades semelhantes ocuparam, depois, áreas em favelas como Babilônia e Chapéu Mangueira.

O objetivo, em todos esses casos, foi recuperar territórios convertidos em estados paralelos pelo crime organizado. Segundo o manual ditado pela autoridade, a UPP deve trabalhar a partir de parcerias com a população, privilegiando o diálogo e respeitando a cultura local. Pelo menos no papel, a reconquista dessas áreas contempla a melhoria da infraestrutura e a implantação de projetos educacionais, esportivos e de inserção dos moradores no mercado de trabalho. Para isso, admitem-se alianças operativas com a iniciativa privada e entidades do terceiro setor.

Se nos convém uma análise fria dessa modalidade de pacificação, cabe elencar primeiramente suas virtudes. Segundo o estudo *Os donos do morro*, coordenado pelo professor Ignácio Cano, em maio de 2012,[13] as áreas pacificadas

---

[13] Disponível em: <http://www.lav.uerj.br/docs/rel/2012/RelatUPP.pdf>. Acesso em: 29/4/2014.

registraram uma redução de quase 75% no número de mortes violentas. O número de roubos decresceu mais de 50%.

Para Luiz Eduardo Soares, especialista em segurança pública e professor da Universidade do Estado do Rio de Janeiro (UERJ), verificou-se evidente redução de homicídios dolosos em regiões de UPP, pelo menos em sua fase inicial. Destaca-se, nesse caso, o fim das chamadas "incursões bélicas" regulares nessas comunidades, que invariavelmente produziam vítimas fatais, entre criminosos, inocentes e agentes da lei. Segundo Soares, a redução na circulação de armas colaborou decisivamente para a queda no índice de assassinatos. Esse impacto positivo, de acordo com as pesquisas, estende-se por uma área de 1,5 quilômetro ao redor da comunidade.[14]

De acordo com uma pesquisa do Clube dos Diretores Lojistas do Rio, realizada em 2012, em dezessete comunidades, as vendas do comércio de rua haviam crescido 26% após a instalação das UPPs.[15] A pesquisa *Radiografia das Favelas Brasileiras*, produzida em 2013 pelo Data Favela, mostrou que 75% dos moradores de favelas eram favoráveis à pacificação pela polícia (55% eram totalmente a favor e 20%, parcialmente a favor).

Outros dados obtidos durante a pesquisa lançam luzes sobre o debate. A favela é considerada um pouco violenta

---

[14] Fontes: testemunho de Luiz Eduardo Soares no fórum promovido pelo Data Favela, em novembro de 2012, no Rio de Janeiro; sua entrevista ao site jornalístico Viomundo. Disponível em: <http://www.viomundo.com.br/entrevistas/luiz-eduardo-soares-desmilitarizar-a-pm-legado-historico-do-escravagismo-que-matou-9-646-pessoas-em-dez-anos-no-rio.html>. Acesso em: 29/4/2014; seu site: <http://www.luizeduardosoares.com/?p=1185>. Acesso em: 29/4/2014.

[15] Disponível em: <http://www.upprj.com/index.php/o_que_e_upp> e <http://oglobo.globo.com/economia/turbinando-dna-empreendedor-3949790>. Acesso em: 29/4/2014.

para 55% das pessoas ouvidas. Para 18%, é muito violenta. O tráfico é uma realidade não oculta. Dos consultados, 64% têm conhecimento de ações ilegais desse tipo na favela em que moram. Pelo menos 47% admitem conhecer alguém envolvido com o comércio ilegal de drogas.

Muitas vezes, esse indivíduo está bem próximo. Pode ser um colega de escola, um vizinho ou um parente. Em geral, o morador pretende viver sem medo, distante de tiroteios, mas compreende as razões objetivas que levam tantos jovens à prática do delito.

Prevalece, mesmo com as tragédias cotidianas, a esperança. Para 44%, a favela em que moram será menos violenta no período dos doze meses seguintes. Para 35%, não ocorrerá mudança. Apenas 16% preveem um recrudescimento no ambiente dos conflitos.

Se as UPPs apresentam uma face brilhante, de números alvissareiros, é certo que não escondem outra, de temerosa opacidade. Parágrafos antes, mostramos o estudioso Soares elogiando o fim das invasões armadas nas comunidades pacificadas, substituídas por um serviço 24 horas. Ele, no entanto, identifica desgastes e malogros flagrantes nos processos de pacificação. O especialista considera o policiamento comunitário, aquele empenhado na solução de problemas locais, incompatível com a cultura das atuais corporações policiais.

> Se a estrutura militar perdura, qualquer projeto que tenha uma intenção mais democrática acaba submergindo, acaba sendo derrotado por essa força inercial", avalia. "E nesse caso é muito compreensível que haja uma degradação.[16]

---

[16] Trecho de entrevista citada em Viomundo. Disponível em: <http://www.viomundo.com.br/entrevistas/luiz-eduardo-soares-desmilitarizar-a-pm-legado-historico-do-escravagismo-que-matou-9-646-pessoas-em-dez-anos-no-rio.html>. Acesso em: 29/4/2014.

De acordo com Soares, a seleção das favelas que recebem UPPs não atende às necessidades intrínsecas das comunidades, mas a projetos da metrópole, orientados sobretudo para a valorização imobiliária especulativa. Ele lembra que o projeto original previa o cumprimento dos deveres do Estado em outras áreas, como saúde e educação. "Nisso, no entanto, falhou", avalia.

Em muitos casos, de fato, o braço policial passa a ser o único tipo de representação do Estado na comunidade. Quando esse poder substitui o do tráfico, assume as funções de casa executiva, legislativa e judiciária, muitas vezes de modo tirânico. Não se pode imaginar sapiência que justifique a autoridade da polícia para definir se um grupo de jovens poderá ou não organizar um baile funk na noite de sábado. Essa intromissão nos assuntos do cidadão acaba por constituir uma ilegalidade. Se há resistência popular, ela é frequentemente combatida de maneira brutal, em ritos que empregam as simbologias do racismo e do preconceito, ainda que muitos soldados e oficiais venham dos estratos populares.

No caso do tráfico, é evidente que sua estrutura comercial permanece na favela, ainda que de maneira silenciosa. Não há dificuldade em obter a mercadoria proibida. Basta saber o caminho. Além disso, a ocupação conduziu as organizações à modernização da atividade de distribuição e venda. Trocou-se o domínio pesado do território pelo engendramento de novas operações de varejo. Ao reelaborar sua logística e a administração de seus recursos humanos, o traficante arregimentou colaboradores, deu-lhes capacitação e multiplicou sua frota de "aviões". A rede se completou em áreas nobres, onde cresceu o contingente de distribuidores locais, geralmente pouco incomodados pela polícia.

Há um fator de ordem econômica que pode ser considerado um efeito colateral da implantação das UPPs. Nessas comunidades, em geral, a vida ficou mais cara, com a valorização súbita dos imóveis. Na favela Santa Marta, por exemplo, em 2013, havia casas à venda por até 100 mil reais. Na maior parte dos casos, os moradores pretendiam simplesmente transferir-se para outra comunidade, mais barata e não pacificada. O que ocorria, portanto, era uma troca parcial da população residente.

Como contradição, o esforço pacificador atrofiou, pelo menos temporariamente, uma série de atividades econômicas tradicionais nas favelas. Sem a presença do tráfico, faliu o boteco, a *lan house* equipada com jogos *on-line* e até a quitandinha. Era o poder paralelo, além disso, que garantia o "gatonet" (a TV a cabo ilegal) e tornava gratuita a oferta de serviços como abastecimento de água e luz. Alterado o sistema, o morador passou a receber mensalmente boletos de pagamento, o que aumentou suas despesas. A proibição dos bailes funk, em particular, reduziu o movimento em uma série extensa de negócios, do salão de beleza à lojinha da senhora que comercializava shortinhos apertados para as meninas.

Na época da confecção deste livro, as UPPs não exibiam a presença massiva e capilar que imaginavam muitos dos cidadãos do asfalto. Elas estavam presentes em cerca de 18% (174) das favelas cariocas registradas pelo Censo de 2010, do IBGE. Segundo o estudo Saúde Urbana – Homicídios no Entorno de Favelas do Rio de Janeiro, a milícia dominava 454 comunidades (45% do total). O tráfico ainda dava as cartas em 370 comunidades, ou 37% do total. A pesquisa mostrou também que apenas seis favelas pacificadas haviam eliminado tráfico de drogas. Uma ocupação completa desses núcleos certamente esbarraria em uma dificuldade matemática: a falta de policiais para assumir tamanha incumbência. Em 2013, o Rio exagerava seu efetivo em certas áreas de muita visibilidade na zona sul, nas quais mantinha até um policial para cada trinta habitantes. Na Baixada Fluminense, no entanto, essa proporção era de um agente da lei para 2.500 cidadãos.

O problema se torna ainda mais complexo se levarmos em conta que os policiais envolvidos nessas ocupações não são adequadamente treinados para lidar com a realidade das comunidades. A capacitação, em geral, é realizada de maneira célere, sem apropriado aprofundamento em questões relativas a relações sociais e direitos humanos.

Exceto por rápidas menções em produtos midiáticos de entretenimento, a dinâmica das milícias ainda permanece na sombra da desinformação. Ao contrário do tráfico, elas não se concentram em um negócio particular. Procuram lidar ativamente com todas as matrizes econômicas. Marcam presença nos setores financeiro, comercial e imobiliário. Podem, por exemplo, ordenar migrações internas para especular com lotes públicos ou estabelecer monopólios na distribuição de algum produto ou serviço. Ao mesmo tempo, como máfias, tratam de imiscuir-se na política, cabalando votos e constituindo representação na máquina legislativa.

Em certo momento, as milícias cometiam crueldades de modo ostensivo, em celebrações públicas macabras. O intuito era constituir afirmações de poder e, ao mesmo tempo, enviar mensagens convincentes àqueles eventualmente interessados em praticar a desobediência. Em 2008, os milicianos em atividade na favela do Morro do Dezoito sequestraram e torturaram profissionais do jornal *O Dia*, mantendo-os em cativeiro por duas semanas.

Naquele ano, os milicianos travaram uma guerra com traficantes da favela Kelson's, na Penha, com saldo de dez mortos. Ainda estiveram envolvidos no assassinato de um delegado de polícia e em violentos conflitos na Favela da Carobinha. Nessa época, esses grupos perderam o *status* de forças de "autodefesa comunitária", conforme a nomenclatura empregada por políticos conservadores tradicionais. Naquele mesmo ano, a CPI das Milícias, na Assembleia Legislativa, tornou públicos muitos dos crimes cometidos por essas poderosas quadrilhas.

As milícias continuam ativas, mas adotaram outros métodos de ação. Visadas pelo olhar da cidadania, elas agem com discrição. Continuam matando, mas sem alarde, cuidando de fazer sumir os cadáveres. São, sem dúvida, responsáveis pelo crescente número de desaparecidos nas estatísticas da segurança pública.

Por fim, a violência é cometida pelos próprios aparatos policiais. De acordo com dados obtidos por Luiz Eduardo Soares, a partir dos registros da Secretaria de Segurança Pública do Rio de Janeiro, entre 2003 e 2012, as ações dos agentes da lei, no Rio de Janeiro, resultaram em 9.646 mortes. Muitos dos autos de resistência apresentam evidências de execução extrajudicial, como tiros na cabeça ou marcas de algemas nos pulsos dos abatidos. São crimes raramente investigados, em processos concluídos sem a indicação de um responsável. A tenebrosa realidade mostra que os policiais eventualmente rebelados contra essas práticas sofrem inevitáveis retaliações. São advertidos pelos comandantes, presos e, em algumas situações, acabam mortos de maneira suspeita em operações contra o banditismo.

Ainda que existam muitos oficiais sérios e honestos nas corporações, a velha estrutura institucional determina um padrão de conduta para os agentes, em que o pensamento crítico é frequentemente qualificado como traição ou sedição. Em todo o Brasil, as polícias militares ainda agem como se suas atribuições fossem análogas às do exército, conforme a arquitetura institucional herdada da ditadura militar. Grave equívoco insistir nesse paradigma, pois as forças policiais, de modo geral, não existem para enfrentar um inimigo externo, tampouco devem ser treinadas para fazer a guerra.

A polícia, quando inimiga da favela, aliás, recupera suas origens. Foi criada em 1809, logo após a transferência da Corte portuguesa para o Brasil. Naqueles tempos remotos, tinha como uma de suas atribuições caçar os negros fugidos e zelar pela manutenção do sistema escravagista. A União tem sido incapaz de alterar essa filosofia e de redefinir a formação desses servidores públicos. Pelo sistema vigente, trata apenas de repassar recursos aos Estados. São as elites locais, investidas de poder, que seguem ditando as regras para o funcionamento das corporações.

O resgate da cidadania

Em um cenário ainda marcado pela violência, cabe à sociedade civil responder com a promoção da justiça, considerando o amplo conjunto de medidas destinadas a reduzir desigualdades, proporcionar oportunidades laborais e, por último, garantir o respeito aos direitos do cidadão, inclusive nas questões afetas aos tribunais.

Qualquer ação pacificadora está fadada ao fracasso se prescindir de uma abordagem integrada do problema, que contemple a requalificação das forças de segurança, a reforma dos serviços públicos e a abertura de atalhos para a inclusão social e econômica. A pesquisa do Data Favela mostrou que os moradores das comunidades exigem a presença do Estado num cotidiano de resgate da cidadania. E isso não se faz, evidentemente, apenas com homens de farda, armados até os dentes.

Escrever uma nova história nas favelas, na qual prevaleçam a paz e a harmonia, exige, por exemplo, a aprovação de incentivos fiscais que justifiquem o empenho na seara empreendedora. Além disso, convém ampliar as intervenções estatais no campo do microcrédito.

Essas providências, no entanto, determinam apenas um primeiro passo nesse trabalho hercúleo de erradicação da violência. Ele jamais será completo se faltar à ribalta do teatro social a iniciativa privada, ela, sim, indutora principal do desenvolvimento econômico, capaz de gerar protagonismo e autonomia. Cabe aqui um exemplo. Os processos de pacificação largaram um incômodo vazio no campo do entretenimento, especialmente o destinado aos jovens. Oferece-se aí, neste tempo de céleres mudanças, excelente chance às empresas da área cultural.

Exige-se de planejadores e profissionais de marketing que examinem com mais atenção e critério a dinâmica dessas comunidades. Não se pede que mergulhem na caridade ou filantropia, mas que apliquem a *expertise* acumulada no aproveitamento de oportunidades de negócio.

Conforme lembra o rapper Alex Pereira Barbosa, o MV Bill, a pacificação é um projeto muito maior que a simples implantação de uma UPP. Exige integração e criação de oportunidades. Segundo ele, aqueles que decidem deixar as incumbências definidas pelo tráfico precisam encontrar opções ocupacionais. "Quem deixa de ser aviãozinho ou entregador, funções que começam a sumir, tem que encontrar um meio de tocar a vida e prosperar", afirma MV Bill no

Fórum das Favelas. "Então, hoje, aquele que não optou pelo banditismo está buscando um caminho diferente."

No campo da segurança pública, as reformas devem ser também profundas. Seria conveniente que refletíssemos sobre as propostas de desmilitarização das polícias. Talvez seja esse o caminho. Não nos parece apropriado que espelhem as táticas de guerra dos exércitos. Melhor seria se atuassem de modo preventivo, em parcerias autênticas com a população. Tampouco seria desperdício de tempo e energia discutir a implantação da carreira única e do ciclo completo do trabalho policial, que incluiria as dimensões preventiva, ostensiva e investigativa.

De maneira igual, insistimos que seria benéfico reconsiderar a expansão das responsabilidades da União, supervisionando e regulamentando a formação policial. Atualmente, esse processo educativo não é normatizado, mistura conteúdos, métodos e matrizes pedagógicas. Faz-se importante respeitar as diferenças institucionais, regionais e de especialidades, mas parece também proveitoso garantir uma base comum, sintonizada com os objetivos expressos na Constituição.

Não se descarta a aplicação de algum método de participação da sociedade no aperfeiçoamento contínuo das corporações policiais, de modo que a hostilidade seja substituída pelo diálogo permanente. Para isso, claro, é preciso que os profissionais de segurança sejam respeitados e valorizados. Não será possível essa alteração nos costumes e nas condutas se os agentes da lei não enxergarem no processo algum benefício de progressão na carreira e de elevação proporcional de seus ganhos.

Paralelamente a essa mobilização do coletivo para o debate sobre as práticas do engenho de segurança, convém revisitar nossa história recente e rever conceitos. Ao contrário do que bradam os apresentadores de programas policiais televisivos nos fins de tarde, o Brasil não é o país da impunidade. Hoje, temos uma multidão de 550 mil presos, número que compõe a quarta população carcerária do mundo, em acelerado ritmo de crescimento. E o que a favela e o asfalto têm lucrado com essa sanha de encarceramento? Provavelmente pouco, talvez nada.

Entre 1980 e 2010, cerca de 1,9 milhão de brasileiros foram assassinatos. Na virada desta década, computávamos 50 mil homicídios dolosos por ano. As vítimas, como era de esperar, têm sido majoritariamente os jovens pobres, do sexo masculino, sobretudo negros. De acordo com o Mapa da Violência, do professor Julio Jacobo Waiselfisz, de 2012, somente 8% desses casos de homicídios são investigados com sucesso.[17]

As estatísticas e os fatos confirmam que o Estado brasileiro não coíbe a violência, não protege o povo fragilizado pela exclusão social e econômica, investiga pouco e ineficazmente, condena demais e encarcera sem critério adequado. Essa privação da liberdade, muitas vezes resultante da insensibilidade ou da ignorância de quem arbitra a aplicação da lei, concorre para a expansão rápida da cultura do crime.

Dos presos brasileiros, somente 12% foram condenados por crimes letais. Dois terços da população carcerária, quase 370 mil pessoas, caíram atrás das grades acusados de traficar drogas ou cometer crimes contra o patrimônio. Nos centros penitenciários, o garoto que transportava papelotes do morro para o asfalto torna-se aluno preferencial e compulsório da organização criminosa. Aprende logo a ferir, lesar e defender ferozmente as lideranças dos grupos que dominam o mercado

---

[17] *Homicídios e juventude no Brasil*. Brasília, Secretaria-Geral da Presidência da República, Secretaria Nacional de Juventude, 2013. Disponível em: <http://www.mapadaviolencia.org.br/pdf2013/mapa2013_homicidios_juventude.pdf>. Acesso em: 17/4/2014.

das ilegalidades. Nesse caso, a punição exemplar, tão reclamada pelos setores conservadores, acaba por instruir jovens que retornarão aprimorados, e muito mais perigosos, ao circuito da delinquência.

O Rio de Janeiro, assim como outras unidades da Federação têm convênios com instituições de ensino e formação, como Senai, Senac e Sesi, o que contribui no desejado processo de ressocialização. Essas iniciativas, no entanto, não dão conta de redirecionar tantas almas em suplício, cujo exercício de cela é aperfeiçoar o ofício criminoso e, em muitos casos, tramar a vingança difusa contra o sistema opressor.

Esse é o problema. Esse é o desafio. É trabalho de conserto para mais de uma geração. No entanto, convém iniciá-lo com urgência.

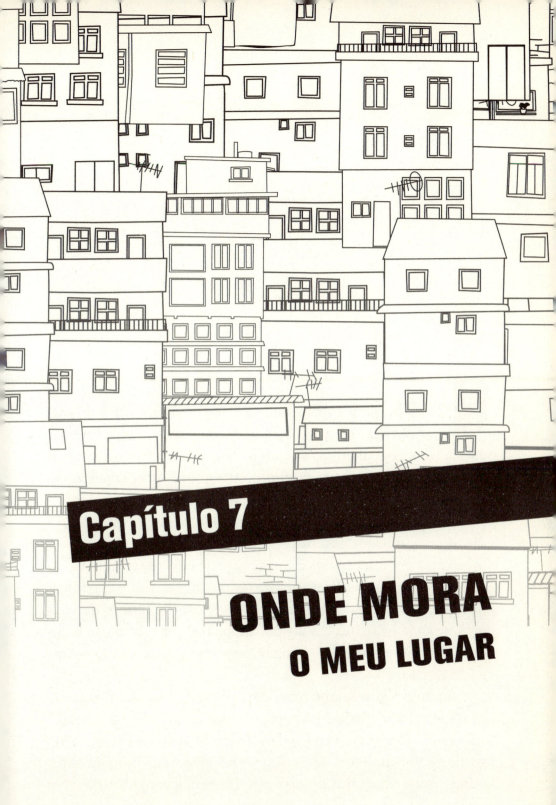

Capítulo 7

ONDE MORA
O MEU LUGAR

Não gostaríamos de fechar este livro sem um capítulo que tratasse da geografia singular da favela. Obviamente, não somos engenheiros, arquitetos ou urbanistas para emitir pareceres técnicos sobre o tema. No entanto, pela vivência ou pelo trabalho de pesquisa, podemos elencar algumas impressões sobre o espaço em que ocorrem os fenômenos analisados em capítulos anteriores.

Antes de tudo, temos a impressão de que a favela, mais do que outros núcleos de moradia, é um lugar vivo, orgânico, que tem coração, que respira, composto pela síntese de suas gentes, suas histórias e suas culturas. Daí o título deste capítulo. A comunidade é esse lugar pensante que ocupa determinado território.

A geografia humanística nos dá razão. Para gente dotada de esperteza a fim de discorrer sobre a questão, o "lugar" supera em muito o conceito da referência de localização. É, na verdade, o ambiente das nossas experiências, onde criamos raízes, onde nos sentimos seguros, onde nos consideramos em casa. Lendo sobre o assunto, topamos com uma frase do geógrafo sino-americano Yi-Fu Tuan: "O lugar é um centro de significados que foi construído pela experiência".

Nesse sentido, a favela é "muito lugar", pois em geral é construída com sangue e suor por seus moradores, normalmente em espaços de complicado acesso, desprezados pela indústria imobiliária. Está no morro difícil de escalar. Está no mangue, onde os pés afundam na podridão. Está na beira esfarelante do rio, desafiando as leis da Física para se manter de pé.

Para um observador externo, a favela pode ser o lugar mais feio do mundo, desconexo, assimétrico e desprovido de estéticas formais. No entanto, enternece quem ali viveu a infância, que recebeu na construção modesta o primeiro carinho materno.

A favela mora em um espaço sempre arredio, teimoso, ácido, molhado, azedo. Como por encanto, porém, cresce sobre ele o amor de homens, mulheres e crianças ali agrupados. Um lugar de verdade, segundo os entendidos no assunto, só adquire identidade por meio da intenção humana. Curiosamente, se pensamos no tempo, ele é composto de lugares e dos estados em que se encontravam em cada época.

Na favela, os moradores lembram-se da adolescência pelo aroma da parede de madeira do quartinho de dormir; ou, quem sabe, pela textura do piso do banheiro. O homem mistura-se com o ambiente, projeta-se nele. É por isso que gente bem-sucedida, depois de vencer dificuldades, costuma visitar o lugar em que nasceu. Vai ali lamentar perdas, lamber feridas, contar uma história e noticiar uma superação.

O geógrafo Edward Relph, sobre o qual sabemos quase nada, costuma dizer que boa parte do mundo atual está ocupado pelo "deslugar". Caramba, mas do que estará falando esse intelectual? Ele se refere aos espaços padronizados, às construções com formas repetitivas, como essas que vemos em conjuntos habitacionais e até mesmo em condomínios de luxo. Existe um "deslugar" quando as pessoas estão alienadas do espaço, quando não veem nele nada de particular, quando o verbo "estar" inspira o tédio.

Os aglomerados urbanos são justaposições de retalhos do "deslugar". Uma loja igual à outra, um prédio comercial que imita o vizinho, lanchonetes tão padronizadas que não se distinguem uma da outra. O deslugar dificilmente ativa a memória. É como se nunca tivéssemos ocupado aquele lugar no espaço, mesmo que seja correto, limpo e legalizado.

Ao contrário, a favela tem em seu desenho a conjunção de identidades. A casinha azul, estreita, encarapitada no morro, tem a cara e um pedaço da alma do José, que a construiu com as próprias mãos, auxiliado pela esposa e pelo filho mais velho. Mais além, a casa larga, num platô corajoso, debruça-se curiosa sobre a paisagem, como se desejasse avistar o mar. É a residência da Maria. Ainda que reduzida, tosca e varada de furos no telhado, é sua paixão. É igual a nenhuma outra. O terracinho é um luxo, construído e preservado por capricho.

No entanto, a favela não é somente a composição enfileirada de lugares particulares. Ela é também a combinação deles todos. Numa saudável anarquia, que exige bom senso e responsabilidade, as pessoas erguem suas moradias para a melhor convivência possível. Uma residência não pode alagar outra, tampouco tapar sua janelinha. A favela, na sabedoria solidária do povo, constrói acordos possíveis, ergue-se numa arquitetura de simbioses e cooperações.

Quem passeia pelo Rio de Janeiro logo adivinha essas maravilhas, erguendo o olhar para o Vidigal ou para a Rocinha. Dá-se o clique na máquina fotográfica e logo acende uma imagem que lembra um aperfeiçoamento das obras de Mondrian, quadradinhos coloridos formidavelmente irmanados.

Sim, o leitor terá razão em exigir uma trégua na poesia. Afinal, a favela tem problemas estruturais gravíssimos, seja ela na periferia de São Paulo seja na de Fortaleza. Por trás dessas singularidades artísticas, existe o esgoto a céu aberto e, sim, a criança que nele se infecta e adoece. As comunidades são, desse ponto de vista, também o lugar das ausências, das carências e das provações.

É duríssimo para Marta comprar, depois de tanta economia, uma geladeira e saber que ela dificilmente subirá sessenta metros, desde a avenida, até sua cozinha. O Edílson também reclama, porque depois do baile funk, se chover, será difícil levar a Rosilene até sua moradia, lá no alto. Se o caminho é lodoso, escorregadio, vai ficar sem namorar da sexta-feira para o sábado. O Seu Joca suspeita de que a filha mais velha, dançarina exímia, enviou-lhe uma carta, lá dos Estados Unidos. Teme, porém, que o endereço incerto o tenha traído. A mensagem, sabe-se lá, extraviou-se. Será? Encafifado, suporta a saudade.

Convém lembrar que a favela antiga já era cheia de graças e mimos, mas exagerava em incômodos, desconfortos e perigos. Muitas e muitas moradias eram constituídas de sobras da lida comercial e industrial urbana. Era um remendo atrás do outro, de materiais diversos, que erguia o teto. Vale lembrar "Barracão", de Luís Antonio e Oldemar Magalhães, obra-prima composta em 1953, interpretada por vozes talentosas, como as de Elizeth Cardoso e Beth Carvalho.

Vai, Barracão
Pendurado no morro
E pedindo socorro
À cidade a teus pés

*Vai, Barracão
Tua voz eu escuto
Não te esqueço um minuto
Por que sei quem tu és*

Veja, leitor, que os autores justificam nossas teses, defendidas nos parágrafos anteriores. O barracão, pobrezinho, não é apenas coisa, construção, referência de espaço. Perfeitamente humanizado, é gente. Ele fala, pede socorro e expressa a infelicidade de seus ocupantes.

Jair Rodrigues envereda pelo mesmo caminho. Ao cantar os versos de *Ave-Maria no Morro*, de Herivelto Martins, dá consciência e vontade a toda a favela. E, assim, determina:

*E o morro inteiro no fim do dia,
Reza uma prece Ave-Maria*

As primeiras favelas brasileiras, em Santos e no Rio, certamente surgiram como recursos provisórios. Num lugar, era reduto de escravos foragidos. No outro, compunha o reduto provisório desses e também dos soldados esquecidos depois da renhida disputa bélica. Por causa da inércia do Estado, no entanto, converteram-se em lugares definitivos do viver.

A favela empilha o tempo, como se pode ver, por exemplo, em Paraisópolis, na capital paulista. O térreo é atrasado, coisa dos anos 1980, obra do casal. Há um segundo andar, mais bem-acabado, cujas paredes exibem outro tipo de tijolo e juntas medidas com esmero. É a dimensão dos filhos. No entanto, virado o século, os netos também exigiram algum retiro e privacidade. Na casa que, como árvore ergueu-se para o céu, agora existe um terceiro andar. Este tem reboco nas paredes, é um carinho, um respeito para os petizes.

A visita à favela deveria constar dos currículos das escolas básicas. O passeio instrutivo serviria a todas as disciplinas. Um barraco pode sempre inspirar uma aula de geometria. Uma família, como sobrevivente de tantos tempos nublados e precários, propiciará excelente aula de matemática e finanças domésticas. A comunidade, por inteiro, educa para a compreensão da história.

Não por acaso, em 2008, no Rio, foi criado o Museu de Favela (MUF), uma organização governamental privada de caráter comunitário. É obra de líderes culturais moradores das favelas Pavão-Pavãozinho e Cantagalo. Considerado um museu territorial vivo, tem como principais peças do acervo os 20 mil moradores locais. Suas vozes e seus gestos narram a pouco conhecida história do andar de cima da Cidade Maravilhosa.

O território dos aprendizados se estende sobre as encostas do Maciço do Cantagalo, entre os bairros de Ipanema, Copacabana e Lagoa, na zona sul carioca. Esse lugar-aula tem 5.300 imóveis, conectados num fantástico labirinto de escadarias, ruelas e corredores estreitos. Quem puder dialogar com o museu compreenderá a ligação entre a favela, a Mata Atlântica e os redutos chiques do asfalto. Ali, as residências contam casos, expõem ideias e consagram personagens da luta popular. As casas-tela são cor e forma, um jeito de a favela dizer de si, uma construção sígnica da resistência.

Nessas exposições, os moradores compõem a instalação artística. Tratam de cultura, de conquistas e júbilos, mas também de martírios, perdas e insuficiências. Se há rima bem-feita e boa grafitagem, não falta, em contrapartida, a denúncia sobre os problemas no fornecimento de água ou na coleta do lixo.

Outras favelas estão seguindo esse caminho, abrindo-se à comunicação com o asfalto próximo e o asfalto longínquo, aqueles dos estrangeiros interessados em conhecer o Brasil, em suas diferentes dimensões socioeconômicas.

É o caso da Favela Santa Marta, que já recebeu *pop-stars* como Michael Jackson, Alicia Keys, Madonna e Beyoncé. Há, hoje, quem diga que se trata de uma comunidade maquiada para o consumo de turistas. Estima-se que, nas últimas três décadas, foram gastos muitos milhões em projetos que incluíram a construção de creches, campo de futebol e vias de acesso.

Para a crítica conservadora, não se trata de investimento, mas de malversação dos recursos do contribuinte. Afirma-se que, com esse valor, seria possível instalar todos os moradores locais em propriedades legalizadas, em outra parte da cidade. Talvez. No entanto, assim seria retomada a prática nefanda do remocionismo, cujo resultado inevitável é o rompimento das relações sociais e a desarticulação das atividades econômicas desenvolvidas na favela e nas proximidades.

Há pelo menos uma mensagem que é claramente compreendida pelos visitantes: o povo excluído da malha urbana convencional soube constituir, no refúgio possível, um deleite para os olhos. Dali, dos belvederes públicos ou privados, muito se avista dos encantos da cidade, como o Pão de Açúcar, o Cristo Redentor e a Lagoa Rodrigo de Freitas.

Longe dali, na favela do Vale Encantado, o enredo do lugar é a sucessão de labores de sobrevivência. Até a década de 1960, ganhava-se a vida com as plantações de legumes e hortaliças. Em seguida, a ordem foi cultivar flores, atividade que se revelou inviável em razão dos altos custos de logística. Perdeu-se a competição para as colônias produtoras instaladas em Teresópolis, Petrópolis e Nova Friburgo. Explorou-se, então, outra fonte de sustento, o granito, cuja mina foi roída até o início da década de 1990. Quando a atividade cessou, muita gente pôs o pé na trilha, em busca de novas oportunidades.

Deixaram para trás um ambiente degradado, com extensas áreas peladas, sem a devida cobertura vegetal. A atividade ainda castigou de modo severo as nascentes e fez secar boa parte dos reservatórios de água. A crise do Vale Encantado, dessa forma, somou o fracasso econômico ao desastre ambiental. Nessa época, a rede elétrica era precária e não havia coleta de lixo.

A solução foi recorrer ao esforço cooperativo. Em anos recentes, a proposta tem sido constituir atividades cruzadas, de capacitação, geração de renda e, logicamente, de proteção dos ecossistemas locais. Os percursos verdes na Floresta da Tijuca são franqueados ao povo do asfalto, que pode aprender um pouco sobre a relação delicada entre povoamentos humanos e recursos naturais.

A análise dessas experiências diversas da heterogênea refavela brasileira indica que a reorganização do espaço altera profundamente a reputação das comunidades, seja para os observadores externos, seja para os próprios moradores. Não raro, as novas arquiteturas urbanas determinam processos de elevação da autoestima. É o que verbaliza uma moradora da Paraisópolis:

> A vinda dos bancos e das Casas Bahia para cá mudou a imagem da comunidade. O pessoal dos Jardins, Moema, Vila Mariana, dos locais onde eu trabalhava, pensava que só vivia bicho aqui, gente carente. Perguntavam: Você não tem medo de morar lá, não? Esse comércio, mais a urbanização, trazem uma melhoria. Aqui não é mais uma comunidade perigosa.[18]

---

[18] Fala de uma das muitas pessoas entrevistadas pelos pesquisadores da Data Favela.

Ao mesmo tempo, uma onda de carestia varreu o núcleo. Segundo a moradora, assiste-se a um *boom* imobiliário. "Hoje tem casa custando até 200 mil reais aqui em Paraisópolis", informa, misturando o orgulho e a apreensão.

O estudo do Data Favela mostra que o lugar de viver está mudando rapidamente, por dentro e por fora. É raro encontrar uma casa que lembre o barracão de zinco do samba antigo. Com ele, guarda semelhança um ou outro barraco nas franjas da comunidade, muitas vezes malvisto pelos residentes remediados. Nas casas dos assentados antigos, o espaço interno revela as metamorfoses. Muitas vezes, há TV de tela fina, com canais pagos e computador com banda larga.

Se o lugar adquiriu saúde e vitalidade, mora-se melhor, também é verdade que suas conexões com o resto da cidade necessitam de aprimoramentos. Muitas vezes, a favela é inexpugnável, trama de fio fechado. Portanto, o ônibus e o trem fazem parada em ponto distante. Para não acumular atrasos no emprego, é preciso sair mais cedo, exercitar-se com equilíbrio nas vielas, rampas e escadarias. Para muitos, essa é a academia informal da favela. É por isso – opinam muitos – que os garotos não cedem à obesidade e as moças ganham pernas malhadas.

Na maior parte delas, ainda hoje, falta a presença física do Estado. As políticas governamentais lograram induzir a inclusão econômica pela absorção da grande massa de desempregados que vagava pelas metrópoles no início dos anos 2000. Quando cresceu a renda das famílias, cresceu também o consumo. O PIB elevou-se de maneira admirável por alguns anos. Ao mesmo tempo, viu-se um descompasso na construção de aparelhos públicos de serviços nas comunidades. Mesmo com os avanços estruturais, ainda faltam à paisagem a creche, o posto de saúde e a delegacia de polícia.

Nas favelas, portanto, os serviços públicos ainda são mal avaliados. Quando presentes, nem sempre garantem a satisfação dos moradores. Atribuindo classificações de zero a dez, eles condenam, por exemplo, o transporte público, para o qual dão nota 5,4. O hospital público ganha 5,05. Perguntados sobre as condições de ruas e calçadas, produzem a média 4,92. No pé do ranking, encontra-se a segurança pública, com nota 4,28. Todos estes números foram apurados pelo Data Favela.

Há, no entanto, a percepção de que alguns serviços experimentaram alguma melhora. A escola pública recebe 6,17 na avaliação. A coleta de lixo, problema crônico das comunidades, ganhou nota 6,85. Ainda que críticos, os habitantes de favela, no geral, concordam em que "as coisas já foram bem mais difíceis", frase ouvida com frequência pelos nossos pesquisadores.

Uma senhora, em Acari, no Rio de Janeiro, afirma que manca em razão de um tombo, ainda na década de 1980. Hoje, a situação é diferente. A rua onde mora foi pavimentada. É estreita e surge confusão se alguém não estaciona direito o veículo. Precisa ficar colado no muro. No entanto, é possível caminhar sem muito receio. As crianças não arrebentam os joelhos nem chegam enlameadas em casa.

Em outras favelas cariocas, é possível admirar-se essa arquitetura anônima da comodidade. Há uma escada de concreto que parece empinar-se num ângulo de 70 graus. Quem a construiu? Como? Há corrimãos, aqui e ali. Alguns são barras de ferro numa esquina inclinada diante do barranco. Coisa simples, mas que garante a vida de muitos diariamente.

No caso carioca, muitas dessas invenções se devem a projetos que se sucederam no terço final do século XX. Em 1981, implanta-se no Rio o Projeto Mutirão pela Secretaria Municipal de Desenvolvimento Social (SMDS), em que o governo da cidade se compromete a fornecer apoio material e técnico para obras de saneamento básico e abastecimento de água, a serem realizadas por mão de obra local. Naquele ano, foram realizadas intervenções em sete comunidades, beneficiando aproximadamente 20 mil moradores.

Um dos avanços do projeto foi a adoção de um plano de urbanização que incluía a remuneração do trabalho. Entre 1984 e 1985, diversificam-se as atividades, com a construção de equipamentos como creches e postos de saúde. As associações de moradores gerenciam os pagamentos, controlam o abastecimento de material e recrutam os trabalhadores para cada obra. Um dos desdobramentos do projeto é o Mutirão Reflorestamento, de 1986, que visava principalmente à contenção de encostas.

Na visão de técnicos e planejadores, a urbanização já tinha relação com saneamento, preservação do meio ambiente, circulação e abastecimento. No início dos anos 1990, o Plano Diretor da cidade declarou o objetivo de "integrar as favelas à cidade formal" e "preservar seu caráter local", fechando no baú da história a fúria remocionista. Nos anos seguintes, outras obras compuseram o escopo do Programa Favela-Bairro, especialmente no aprimoramento da infraestrutura, na regulamentação imobiliária e na construção de bases de serviços sociais. Desde 2010, as obras de transformação estão concentradas no projeto Morar Carioca, que pretende reurbanizar todas as favelas do Rio até 2020.

A região de Acari, entre outras, beneficiou-se desses variados programas, muitos deles descontinuados. Pequenas obras estruturais surgiram, por exemplo, de um projeto liderado pela PUC-Rio, no início dos anos 1980. Melhorias em saneamento resultaram, em 1996, do programa nacional Prosanear. Dez anos depois, na segunda fase do Favela-Bairro, mais ruas foram pavimentadas. A área ganhou bueiros e canos de esgoto. Foram ainda reforçadas as paredes dos canais de drenagem.

Ainda assim, essas intervenções revelam, quase sempre, a falta de planejamento e o desperdício. Um canal local de escoamento de águas foi reconstruído quatro vezes, recebendo várias camadas de cimento. Os moradores discutem se o problema recorrente tem relação com a qualidade dos materiais ou com as práticas construtivas. "Não tiram as camadas antigas antes de concretar", diz um morador. "Aí, o conserto desmorona."

Não somente em Acari, mas em outras favelas brasileiras, as intervenções parecem carecer do devido cuidado. "Se fosse nos Jardins, lá dos ricos, fariam direito; aqui, é de qualquer jeito", reclama a moradora de uma favela na zona leste paulistana. Durante a realização da pesquisa do Data Favela, pudemos confirmar que muitos projetos, de fato, se deterioram com rapidez.

Muitas vezes, essa vocação à ruína não se deve às técnicas e aos materiais empregados, mas à falta de cuidado e manutenção. Nas periferias, há praças, parques, pontes e encanamentos esquecidos. Muitas vezes, o olhar do gestor público sobre determinado logradouro é garantido por um vereador ou deputado, que ali tem sua base eleitoral. Quando o político deixa a vida legislativa, o lugar parece desaparecer dos mapas da municipalidade.

No que se refere aos processos de urbanização, há outra questão que merece debate. Muitas vezes, após a realização das obras de infraestrutura, as autoridades teimam em renomear a comunidade. O termo "favela" é, pelo menos nos registros oficiais, substituído por "bairro".

Este é, certamente, um grande equívoco. Para evitá-lo, seria necessário convocar o pessoal da Sociologia, da Psicologia e da Antropologia. Mais do que espaço, a favela é o lócus de determinada experiência. É a construção que desafia os conceitos de Isaac Newton, mas é também uma cultura em movimento, uma construção de significados, uma aventura de resistência e um teatro singular de relações sociais.

A pesquisa do Data Favela mostra que 64% dos entrevistados têm parentes que moram no mesmo núcleo. Todos se conhecem. Há um conceito de família estendida. O mano é irmão. As boas senhoras são todas tias. De acordo com nossa pesquisa, nos trinta dias anteriores à consulta, 70% das pessoas tinham sido anfitriãs de parentes. Parcela semelhante havia sido visitada por amigos ou vizinhos. No total, de cada dez moradores, nove tinham recebido amigos, parentes ou vizinhos nas semanas antecedentes.

A favela, de maneira geral, gosta de acolher. O morador tem orgulho de servir aos iguais e, quase sempre, quer mostrar seu mundo aos conhecidos do asfalto. A atriz e apresentadora Regina Casé, identificada com a difusão da cultura das periferias, costuma lembrar que alguns dos dias mais felizes de sua infância foram vividos na hoje extinta favela da Catacumba, na Lagoa, na residência humilde de uma servidora da casa de seus pais. "Ali, eu me divertia, aprendia, me sentia bem", relata. "Eu sonhava com aquele lugar, muito diferente do bairro onde eu morava; afinal, não tinha uma rua para a casa da Marinete e de seu companheiro Manoel."

Depois das incursões realizadas por favelas de todo o país, podemos concluir que tratamos de ambientes muito heterogêneos. Há favela pavimentada, pintada, cujas pracinhas têm aroma de desinfetante. Outras seguem na precariedade absoluta, agarradas em desespero sobre morros com chão de pudim, rezando pela generosidade de São Pedro.

Há, no entanto, um elemento que as distingue: a maior parte das pessoas gostaria de manter o lugar, ou seja, o conjunto de significados que une a ocupação do território à construção das relações pessoais. Na verdade, a favela já é resultado de um design antigo. A vida socializada, de bens compartilhados, está presente em boa parte das aldeias da mãe África. Em cidades do mundo latino europeu vemos o mesmo padrão de ocupação: casas juntas, apertadas, em vielas estreitas e sinuosas. As edificações compactadas revelam que uma família se apoia na outra. Assim se supera a vulnerabilidade. A arquitetura revela uma estratégia de cooperação e solidariedade.

Ao contrário dos guetos, no entanto, a favela brasileira parece sempre aberta. Historicamente, ela desce ao asfalto para fazer a economia girar, para produzir o evento cinético do trabalho, para empreender na vida da cidade. A favela é, quase sempre, centro de irradiação. Dali, provêm o verso, a melodia, a força operária, o modelo de invenção, a receita da solução, a consciência crítica e os amores de quem cuida, dos seus e dos outros.

Se a favela necessita urgentemente das facilidades e dos engenhos do asfalto, não nos parece incorreto afirmar que o asfalto, muitas vezes afogado em interesses mesquinhos, precisa importar saberes e valores da favela. Se o país dos brasileiros pretende ser mais justo e melhor, convém valorizar o lugar da favela, convém emular o espírito de sua arquitetura.

O HORIZONTE VISTO DO MORRO

Não temos dúvida de que este livro é apenas uma fotografia da realidade da favela em mais um de seus momentos de transformação. Não por acaso, utilizamos o termo "refavela" para nos referirmos ao processo da nossa investigação.

Desde o início, pretendíamos associar a pesquisa científica à percepção de quem vive o cotidiano da favela. O livro, portanto, utilizou fontes distintas de conhecimento, proporcionando uma dimensão mais ampla, capaz de auxiliar na compreensão da dinâmica de transformação das comunidades brasileiras.

Caminhando por becos e vielas, muitas vezes ofegantes, ouvimos o choro da criança desassistida, diante de um barraco vazio, mas também testemunhamos a alegria do jovem pai de família que num sábado ensolarado erguia o segundo andar de sua residência. Vimos passar uma mãe aflita, que reclamava da ausência de um posto de saúde. Logo depois, encontramos um jovem negro orgulhoso, que celebrava seu ingresso na universidade pública.

Este é o Brasil do morro, que também pode ser plano ou pantanoso e que, independentemente do formato, está presente em qualquer grande cidade. Prevalece aqui o contraste, a dor, a alegria e sobretudo, a sensação de que nada vai permanecer igual por muito tempo. Sobre cada favela, o tempo todo, vai subindo outra e não há nada que a detenha.

Na era da informação e da conectividade, em que tudo o que acontece pode ser acompanhado em tempo real, sabíamos desde o princípio que qualquer conteúdo envelheceria rapidamente. Por isso, procuramos trabalhar com um registro aberto, buscando dar uma visão mais ampla, ou melhor, panorâmica deste cenário de mudança.

Nesse desenho das coisas em movimento, o passado foi importante, pois nos auxiliou a validar comparações e a efetuar interpretações do presente. Se, por um lado, o passado compreende estereótipos midiáticos da favela, por outro, é possível contemplar o futuro, logo ali à frente, heterogêneo, composto das conquistas prováveis e das decepções possíveis.

Não temos dúvida, no entanto, de que essa incursão pela história e pelo redemoinho da revolução pode auxiliar a favela a se repensar organicamente e, sobretudo, a se reinventar a partir de critérios nascidos de fatos e números. O livro, que tentamos polir durante seis meses, é um modesto espelho da realidade. Ficaremos felizes se o irmão da favela se encontrar, pelo menos em parte, na história que contamos aqui.

Ao mesmo tempo, a obra é um esboço de um mapa de oportunidades. Revela detalhes de como se processa a transformação e onde moram as oportunidades para quem pretende estabelecer justas parcerias com os emergentes.

A rigor, é uma obra tecnicamente pronta, impressa no papel, mas que não deixa de permanecer em construção. Não temos certeza, mas é possível que uma próxima edição exponha outros retratos, outros personagens e outras ideias. De repente, a sua história de "refavelização", seja você do morro seja do asfalto, dará continuidade a essa transformação... Quem sabe?

Saiba mais sobre o Data Favela em:
datafavela.com.br

Este livro foi impresso pela Assahí Gráfica
em papel norbrite plus 66,6 g.